Hermann Ethé

Beiträge zur Kenntnis der ältesten Epoche neupersischer Poesie

Rûdagî, der Sâmânidendichter

Hermann Ethé

Beiträge zur Kenntnis der ältesten Epoche neupersischer Poesie
Rûdagî, der Sâmânidendichter

ISBN/EAN: 9783742895547

Hergestellt in Europa, USA, Kanada, Australien, Japan

Cover: Foto ©Thomas Meinert / pixelio.de

Manufactured and distributed by brebook publishing software (www.brebook.com)

Hermann Ethé

Beiträge zur Kenntnis der ältesten Epoche neupersischer Poesie

Nachrichten

von der Königl. Gesellschaft der Wissenschaften und der G. A. Universität zu Göttingen.

12. November. № 25. 1873.

Königliche Gesellschaft der Wissenschaften.

Beiträge zur Kenntniss der ältesten Epoche neupersischer Poesie.

Von

Dr. Hermann Ethé.

(Der K. Ges. der WW. vorgelegt von Prof. Ewald).

Rûdagî, der Sâmânidendichter.

Einleitung.

Wenngleich schon unter der Regierung der Ṭâhiriden und der Familie Laith (in den zwei ersten Dritteln des 3ten Jahrh. d. H.) sich in Khurâsân das eingeborene persische Element gegen die dominirende Herrschaft arabischer Sprache und Literatur aufzulehnen begann, und dichterisch begabte Männer wie Meister Ḥanṭala (nach Anderen Ḥanżala حنظله) aus Bâdaghîs, Ḥakîm Fîrûz Mashriqî (nach Sprenger, Cat. Oudh p. 3 Mustaufî) und Abû Salîk aus Jurjân eine einheimische Literatur anzubahnen suchten, so war der Erfolg dieser sehr vereinzelten Bemühungen doch nur ein äusserst geringer, und erst unter der für die Wiederbelebung des erstorbenen Glanzes altpersischer Herrlichkeit begeisterten, mit feinem Kunstgefühl begabten Dynastie der Sâmâniden vermochte eine wirklich nationale persische Redekunst Wurzeln zu schlagen und lebenskräftige Schösslinge zu treiben. Ein reicher Flor von Sängern, die freilich vielfach neben ihren persischen Liedern noch Gedichte in der mehr officiellen arabischen Sprache verfassten, blühte auf an den Höfen dieser immer mehr vom Chalifat sich losreissenden und zur völligen Unabhängigkeit sich emporringenden Fürsten, besonders an den von Ahmad bin Ismaʻîl, Naçr bin Ahmad und Nûh bin Naçr (zusammen von 295—343 d. H.). Abû Shakûr aus Balkh, — Abulhasan Shahîd aus Balkh, — Abû ʻAbdallah Muh. bin Mûsa فرالادی (nach Anderen غرالادی), — Abulfath aus Bast, — Abû Schuʻaib Çâlih bin Muh. aus Harât, — Abul ʻabbâs alfaḍl bin ʻAbbâs, — Abû Zarʻah Maʻmar (auch Zarrâʻah almaʻmarî genannt) aus Jurjân, — Abulmużaffar Naçr (oder Naçîr) bin Muh. aus Nîshâpûr, — Abû ʻAbdallah Muh. bin ʻAbdallah aljunaidî, — Abû Mançûr ʻUmârah bin Muh. (oder bin Ahmad) aus Marw, — Abulmathal aus Bukhârâ, — Abulmuwayyad aus Balkh, — Abulmuwayyad Raunaqî aus Bukhârâ, — Khabbâz (der Bäcker, auch Khabbâzî) aus Nishâpûr, — Abû ʻAbdallah Muh. ibn alhasan Maʻrûf (oder Maʻrûfî) aus Balkh, — Abû Tâhir attabîb bin Muh. alkhusrawânî, — Abû Mançûr Muh. bin Muh. Ahmad Daqîqî aus Tûs (nach Anderen aus Bukhârâ), der schon in die Zeit der Ghaznawiden hinüberreicht und auf Befehl des Sâmâniden Nûh bin Mançûr die Composition des Schâhnâma begann, sowie manche minder bedeutende Dichter feierten in volltönenden Qaçîden das Lob ihrer Herrscher, sangen

in zarten Ghazelen der Liebe Lust und Leid
und des feurigen Weines Preis, legten ihre in-
nersten Gedanken über Gott und Menschheit,
Weltenlauf und Schicksal in tiefsinnigen Sprü-
chen, die bisweilen schon einen leisen mystischen
Anklang haben, nieder und bereiteten so jene
erste grosse Glanzepoche der neupersischen Literatur vor, die kaum 50 Jahre später in der
Tafelrunde Mahmûd's von Ghazna und vor Allem
in Firdûsî ihren vollendetsten Ausdruck fand.
An der Spitze aller dieser Sâmânidendichter aber,
sie alle weit überragend an poetischem Ingenium
wie an Fruchtbarkeit, in sich wie in einem
Brennpunkt alle die vereinzelten Strahlen ihres
Talentes sammelnd und gleichsam das Facit aus
allen den verschiedenartigen literarischen Bestre-
bungen seiner Vorgänger und Zeitgenossen zie-
hend, stand Meister Rûdagî, der daher wohl als
der Vater der neupersischen Dichtkunst angese-
hen werden kann. Alles, was die zahlreichen
literar-historischen Werke der Perser uns von
seinen Erzeugnissen überliefert haben, ist in den
folgenden Blättern sorgsam zusammengestellt,
und wenn es auch nur »ein Tropfen aus jener
Wolke und ein winziger Bruchtheil aus jenem
Buche (seiner Poesien)« ist, so reicht es doch
hin, darzuthun, dass Rûdagî mit vollem Recht
auf den Namen eines Poeten ersten Ranges An-
spruch erheben kann. 23 handschriftliche Quellen in zusammen 46 Copien haben das Material
zu dieser Arbeit geliefert:

1) Muḥ. ʿAufî's Lubâb-ulalbâb, verf. in den
ersten Decennien des 7ten Jahrh. Spreng. S. 318,
alt, aber defect. (Vergl. Bland in Journ. of the
Roy. As. Soc. IX, p. 112 ff. — Cat. Oudh p. 1 ff.).
— 2) Daulatshâh's Tadhkirat-ushshuʿarâ, voll. 892,
in 14 Handsch. der Bodl. und der India Office:

Elliot 388 bis 393, und 345. — Ouseley 305. — Bodl. 120. — Ouseley Add. 20 und 34. — India Off. 401, 2337 und 2539. Die älteste Copie geschr. 942. — 3) Haft Iqlîm, geogr.-literar. Encyclopädie v. Amîn Aḥmad Râzî, verf. 1002, in 3 Handschr. Elliot 158 (geschr. 1039) —159 u. Ousel. 377. — 4) Butkhánah, grosse Anthol. in 2 Bd. von Maul. Çâfî und Mirzâbeg Khâkî verf. 1010, erweitert durch ʿAbdallatîf bin ʿAbdallah alʿabbâsî 1021. Elliot 31 u. 32 (unvollst. am Ende). — 5) Intikhâb-i-sad wa haftâd shâʿirân-i-fârsî, Anthol. datirt 1042 von Muḥ. Çâliḥ. Ouseley 198. — 6) Mirât-i-ʿâlam, allgem. Gesch. bis zu Aurangzîb von Muḥ. Bakhtâwârkhân († 1095) mit Dichterbiogr. in der Khâtimah. Elliot 242 — Ouseley 252 u. 53. (Vergl. Morley, descr. Cat. p. 52. — Nassau Lees in Journ. of the Roy. As. Soc. 1868 Sept.). — 7) Mirât-ulkhayâl von Shirkhân Lûdî, verf. 1102. Ouseley Add. 2 — Elliot 397. — India Off. 2011. Ausgabe (1831), enth. in Ousel. Add. 35. Vergl. Bland a. a. O. p. 140. — 8) Khushgû's Safînah, verf. 1137—1147. Sprenger S. 330. 331. (Vergl. Cat. Oudh. p. 130). — 9) Tadhkirah v. ʿAlî Fiṭrat, gen. Nadrat, verf. 1149. India Off. 2578. — 10) Riâḍushshuʿarâ von ʿAlî Qulîkhân aus Dâghistân, gen. Wâlih, verf. 1161. Spreng. S. 332 — Elliot 402. (Vergl. Bland a. a. O. p. 143. — Cat. Oudh. p. 132). — 11) Lubb-i-Lubâb von Qamar-uddîn alḥusainî, Ausz. des vor. India Off. 1013. — 12) Majmaʿunnafâis von Sirâj-uddîn ʿAli Arzû, voll. 1164. Elliot 399. (Vergl. Bland p. 172). — 13) Makhzan-ulgharâib, biogr. Diction. mit 3145 Dichtern von Ahmad ʿAlî Hâshimî bin Muḥ. Ḥâjî voll. 1218. Elliot 395. (Vergl. Bland p. 173. — Cat. Oudh. p. 146). — 14) Khazâna-i-ʿâmirah von Ghulâm ʿAlî, gen. Âzâd, verf. 1176. Ousel.

Add. 6. — India Off. 1140 und 2736. Roy. As. Soc. 187. — (Vergl. Bland p. 150 ff. — Cat. Oudh. p. 143). — 15) Ḥâjî Luṭf-ʿAlîbeg's Atash-Kadah (um 1179) Shrankm. der Bodl. — Elliot 17 und 387. Ausg. (Calcutta 1849) vergl. Cat. Oudh. p. 161. — 16) Ḥadîqat-uçça-fâ, allgem. Gesch. v. Ibn Ghulâm ʿAlî-Khân Yusuf ʿAlî, voll. 1184. Am Schluss Biograph. Elliot 156. — 17) Ḥadîqat-ulaqâlîm, geogr.-encyclop. Werk von Murtaḍa Ḥusain Balgrâmî beg. 1170. Elliot 157. — 18) Khulâçat-ulafkâr von Abû Ṭâlib Ibn Maghfûr Ḥâjî Muḥ. Begkhân, verf. 1207—11. Elliot 181 (vergl. Bland p. 153. — Cat. Oudh. p. 163). — 19) Mirât-i-âftâbnâmah, Gesch. und Geogr. mit Dichterbiogr., verf. 1217 von Nawâb ʿAbdurraḥmân Shâh Nuwâzkhân Hâshimî Banbânî v. Dihlî. Elliot 241 (vergl. Morley. a. a. O. p. 56). — 20) Zubdat-ulashʿâr, Poetik, Ouseley 57. — 21) Auszüge aus pers. Dichtern ohne Titel. Elliot 293. — 22) Samml. Rûdagischer Lieder mit werthl. Comment., ganz modern, Ouseley Add. 127. — 23) Spreng. Samml. 1378 (enthält im Anhang einige Lieder Rûdagîs, die mir durch Hr. Dr. Jahn in Berlin gütigst collat. sind). Hierzu kommen noch ausser den genannten Ausgaben und Vullers pers. Lex. folgende gedruckte Werke: 24) Jâmî's Bahâristân, Ausg. v. Schlechta (Wien 1864). — 25 u. 26) Ḥadâiq-ulbalâghah von Mîr Shams-uddîn Faqîr v. Dihlî (Calcutta 1814) und Garcin de Tassy's franzöś. Bearb. desselben (Rhétorique et Prosodie des Langues de l'Orient Musalm. 2te Ausg. Paris 1873). —

Rûdagî's Leben und dichterische Bedeutung.

Ḥakîm Farîd-uddîn Muḥ.[1]) arrûdagî assa-marqandî[2]) mit dem ursprünglichen Namen (اسم اصل) 'Abdallâh[3]) und den beiden Kunyas Abulḥasan und Abulja'far[4]) ward — allen Anzeichen nach zu schliessen — im Beginn der 2ten Hälfte des 3ten Jahrh. d. H. im Dorfe Rûdag in Transoxanien (nach Einigen in den Districten von Samarqand, nach Anderen in denen v. Bukhârâ[5]) und zwar, wie die zuverlässigsten Tadhkiras berichten, blind geboren[6]),

---

1) Makhz. fügt noch die Kunya Abû Muh. hinzu. Bin Muh. findet sich in Butkh, Nadrat und Ḥadîq.-ulaqâl.
2) Nur Nadr. hat albukhârî.
3) 'Aufî. Haft Iql., Butkh. und Safîn. lesen dafür: Abú 'Abdallah; Khulâç.-ulafk. sogar: Bin 'Abdallah.
4) Butkh. hat einfach: Ja'far; ebenso Nadr. und Ḥadîq.-ulaqâl.
5) Daher sein Beiname. 'Aufî kennt nur diese Deutung. Erst Daul. und Spätere leiten den Namen auch von rûd wegen des Dichters grosser Fertigkeit im Lautenspiel ab. —
6) So berichtet 'Aufî, und auf ihn gestützt fast alle guten Tadhkiras mit Ausnahme Daulatsh. Ob der Angabe freilich Glauben beizumessen, oder ob auch hier die Sage verantwortlich zu machen für den Glorienschein eines ähnlichen Märtyrerthums, wie es die Griechen dem Homer beigelegt, bleibt dahingestellt. Viel in seinen Gedichten, so die genauen und feinen Farbenunterscheidungen, sprechen gegen das Blindgeborensein. Ich citire hier gleich den Haupttext 'Aufî's, der von den Spätern gewöhnlich wörtlich wiederholt und mit ausschmückenden Zusätzen vermehrt ist:

رودگی از نوادر فلکی بودست ودر زمرهٔ انام از عجایب

ایام آگه بود اما خاطرش غیرت خورشید وهم بود بصر

نداشت اما بصیرت داشت مکفوف بود اسرار لطـــایف

stockblind (اکمه), wie an verschiedenen Stellen

بروی مکشوف محجوبی بود از غایت لطف و طبع محبوب چشم ظاهر بسته داشت امّا چشم باطن کشاده مولد او رودکِ سمرقند بود واز مادر نابینا آمده امّا چنان ذکی و تیزفهم بود که در هشت سالگی قرآن تمام حفظ کرد و قرآن بیاموخت وشعر گفتن گرفت و معانی دقیق میگفت چنانچه خلق بدان اقبال نمودند ورغبت او زیاده شد و اورا آفریدگار آوازی خوش و صوتی دلکش داده بود و بسبب آواز در مطربی افتاده بود واز ابو العبّاس بختیار که در آن صنعت اختیار بود بربط بیاموخت ودرآن ماهر شد وآوازهٔ او باطراف و اکناف عالم برسید و امیر نصر بن احمد السامانی که امیر خراسان بود اورا بقربت حضرت خود مخصوص گردانید و کارش بالا گرفت و ثروت و نعمت او بحدّ کمال رسید چنانکه گویند اورا دویست غلام بود و چهار صد شتر در زیر بنه او میرفت وبعد ازوی هیچ شاعر را این مکنت نبودست واین اقبال روی نداده، (Sprenger 818 f. 81 ff.). —

ausdrücklich hervorgehoben wird. Aber, wenn ihm auch das Gesicht fehlte, Einsicht besass er doch, und war ihm gleich das Augenlicht verhüllt, die Geheimnisse zarter Redefeinheiten lagen offen und hüllenlos vor ihm da. Seine vorzügliche Güte und sein liebenswürdiges Naturell liessen ihn zwar das äussere Auge geschlossen, das innere dagegen weitgeöffnet halten. Er war einer der seltensten Erscheinungen der irdischen Welt und unter den Menschenschaaren (als der Einzige) kundig der Wunderdinge aller Zeiten. Aber doch war sein Gemüth (in seiner Lauterkeit und Klarheit) der Gegenstand des Neides von Sonne und Mond, und trotzdem er von Mutterleib an der Sehkraft entbehren musste, war er so feinsinnig und scharfverständig[1]), dass er schon im achten Jahre den Qurân vollständig auswendig wusste, auch die richtige Recitirung desselben sich aneignete, bereits Verse zu machen begann und subtile Gedanken zum Ausdruck brachte, so dass alle Welt davon beglückt wurde, und das Verlangen nach ihm sich immer mehr und mehr steigerte[2]). Gott hatte ihm eine schöne Stimme und herzentzückenden Tonklang gegeben, so dass, wenn immer er das Schloss der Zunge im Recitiren öffnete, er den Engeln selbst die Herzen stahl, und wenn er mit dem Schlüssel des Vortrages den Mund erschloss,

1) Oder nach Khulâç: »war im Feinheitsschauen (در ديد معانى) ein würdiger دَقِيقَ und gehörte zu den Scharfsichtigen (تِيزْ بِينْان) der Welt.«

2) Nach Mirât-i-'âl. schon im 7ten J. Dagegen Mirât-i-âftâbn.: »schon mit 20 Jahren hatte er den Qurân vollständig inne, war ein Ḥakim, ein Dichter und Witzbold und ein davidgleicher Sänger von schönen Melodien.

Hoch und Niedrig, Alt und Jung ganz hingerissen von ihm wurde [1]). Durch diese seine schöne Stimme veranlasst widmete er sich dann dem Saitenspiel und lernte von Abul'abbâs Bakhtiâr, der in jener Kunst ganz auserlesen war, das Barbiton (nach Anderen die Laute عُود) und die Wissenschaft der Musik mit Hülfe des Gedächtnisses, und erwarb darin solche Geschicklichkeit, dass er im Spielen ebenso wie im Dichten der Fürst der Welt ward [2]). Ja! er brachte es in Gesang und Spiel soweit, dass das Wasser seiner Hand an der Station des Gesanges sowohl den Staub der Langeweile dem Winde preisgab, als auch das Feuer im Herzen löschte [3]). Als nun sein Ruf in alle Landstriche und Bezirke der Welt drang, — da zog ihn der Sâmânidenfürst Wâfî Abulfawâris Naçr bin Ahmad bin Ismaʿîl [4]), der Herrscher von Khurâsân und Transoxanien, ein tüchtiger und tugendpflegender, durch Humanität, Gerechtigkeit und Freigebigkeit bekannter Fürst, der stets treffliche Männer und Dichter mit zahlreichen Huldgaben beschenkte und beständigen Verkehr mit solchen unterhielt, an seinen Hof und zeichnete ihn durch seine persönliche Gunst vor allen Anderen aus. Rûdagî ward sein Tafelgenosse, stieg durch ihn zu den höchsten Ehren auf und er-

1) Rhetor. Phrase d. Haft Iql.
2) Die nicht in ʿAufî sich findenden Zusätze sind aus dem Makhz. genommen.
3) Wieder rhetor. Schmuck des Haft Iql.
4) Einige Handschr. des Daulatsh. haben بَفٍ statt وَافٍ und نَصِيرٍ statt نَصِرٍ. Letzteres hat auch H. Iql., das ihm ebenso wie Wâlih u. Safîn. die Kunya Abulhasan giebt. Khaz.-i-ʿâmir. nennt ihn fälschlich Naçr bin Nûh, Mirât-ulkhay.: Naçr-uddîn; ʿAufî an einer Stelle des Textes weiter unten: Naçr bin Muh.

regte das Wohlgefallen von Vornehm und Gering. Durch den Gnadenerguss des Glückes von Seiten Naçr bin Ahmad's wuchs sein Wohlstand rasch und sein Besitz an Dienerschaft wie an Heerdenbestand stieg schliesslich auf's Höchste. Er empfing kostbare Huldbeweise und Geschenke aller Art vom Emîr sowohl wie von dessen Freunden und den übrigen Grossen des Reichs [1]), und nie hat nach ihm wieder ein Dichter solche Reichthumsfülle aufzuweisen gehabt. Einigermaassen mit ihm messen in dieser Beziehung können sich nur 'Unçurî unter den Ghaznawiden und Emîr Mu'izzî unter den Seldschucken, die beide ebenso wie er ihre ganze Lebenszeit in froher Musse an Fürstenhöfen verbrachten. Er besass 200 Pagen [2]), und 400 Kameele zur Fortschaffung seines Habes und Gutes, und so konnte er denn seinen Erben mehr hinterlassen, als jemals ein Anderer auch nur im Traum gesehen [3]).

1) So Atashk., vergl. auch die weiter unten mitgeth. Elegie.
2) Daul. specialisirt diese als »indische und türkische«, ebenso Atashk. und Hadîq.-uççafâ. Nadr. macht daraus »400 ind. und türk. Knaben und Mädchen«.
3) So Atashk. und Safîn. Auf Rûdagîs Reichthum spielt Jâmî in der »Goldkette« (سلسلة الذهب) mit diesen Versen an:

رودکی آنکه در همی سفتی   مدح سامانیان کُــفــنی

صلۀ شعرهای (نظمهای n. And.) همچو دُرش   بود در بار چهار صد شترش

چون شتر زین رباط بیرون راند   بر زمین غیر شعر هیچ نماند

Die Angaben über sein Todesjahr schwanken zwischen 330 und 343 [1]); wäre erstere richtig, so müsste er noch ein Jahr vor seinem Gönner Naçr aus der Welt geschieden sein, denn dieser starb nach einer 30jährigen Regierung 331 an der Phthisis [2]). Nach dem ganzen schmerzlich bewegten Ton seiner weiter unten mitgetheilten Elegie aber, die ganz so aussieht, als sei sie zu einer Zeit gedichtet, wo die schönen Tage von Naçr's Gönnerschaft längst hinter ihm lagen, möchte ich dem zweiten Datum den Vorzug geben. —

Was nun sein eminentes dichterisches Ingenium betrifft, so sind darüber alle biographischen Werke der Perser des höchsten Lobes voll. Sie nennen ihn den Adam der Poeten und den Meister der Beredten [3]), den frühesten der Dichtergruppe [4]), den berühmtesten der feine Gedanken

»Rûdagî war's, dem die Perle zu durchbohren wohl gelang,
Er auch, der das Lob der Fürsten aus dem Stamme Sâmâns sang,
Und sein Sang, der perlengleiche, trug ihm ein soviel der Gaben,
Dass zum Tragen er Kameele viermalhundert musste haben.
Doch seitdem aus diesem Rasthaus sein Kameel er vorwärts trieb,
Ist sein Dichterwort das Einz'ge, das auf Erden von ihm blieb«.

1) 330 in Atashk., 343 in Khulâc. Butkh. giebt das sinnlose Datum 407 (!).
2) So richtig Butkh. Daul. lässt ihn von seinen Pagen erwordet werden, was bekanntlich nicht ihm, sondern seinem Vater Ahmad passirte. Hammer hat diesen Unsinn auch. Safîn. lässt ihn gar erst 353 umgebracht werden.
3) Majma' und Safîn.
4) Daul.

schaffenden Dichter und den bekanntesten der früheren schönen Redekünstler[1]), das Vorbild und Muster aller Lobredner der Sâmânidenfamilie[2]), den Karawânenführer der Dichter und den Heeresvortrab der Beredten[3]), den Meister aller Meister, vor Allem aber den Sultân der Dichter[4]). Er war der Erste unter den Persern, der einen vollständigen Dîwân gesammelt, d. h. alle seine Lieder in der fortan gang und gäbe gewordenen Weise zu einem Ganzen vereinigt hat[5]), und wenn man ihn auch nicht, wie vielfach von den einheimischen Literarhistorikern geschieht, als den ersten bezeichnen kann, der die Schatzkammer persischer Poesie mit dem Schlüssel der Zunge erschlossen, so kann man ihnen doch gewissermaassen Recht geben, wenn sie ihn den مخترع und den باب nennen, d. h. den, der zuerst in **origineller** Weise das Gebäude der Dichtkunst aufgeführt und allen verschiedenen Dichtungsgattungen, dem Mathnawî, der Qaçîde, dem Qit'a, dem Ghazel und dem Rubâ'î ihren eigenthümlichen Stempel, ihren individuellen Character aufgeprägt hat. Die spätern grossen Panegyriker Anwarî und Khâqânî, die grossen Erotiker, wie Ḥâfiẓ und Genossen, ja selbst die Didactiker haben von ihm gelernt und ihn trotz aller ihrer blendenden Vorzüge in sei-

1) Nadr.
2) H. Iql.
3) Khaz-'âmir.
4) 'Aufi, H. Iql., Saf.; vergl. auch Butkh. u. Ḥadîq.-ulaqâl. Rûdagi's Zeitgenosse, der Dichter Ma'rûf oder Ma'rûfî aus Balkh spielt darauf an in dem Verse:

از رودگی شنیدم سلطان شاعران.

5) Khaz.-'âm.: بتدوین دیوان سخن پرداخت.

ner Einfachheit und Ungekünsteltheit doch nie wieder erreicht. Alle Späteren sind nur Brosamenesser vom Tische seiner Beredtsamkeit und Aehrenleser von den reichen Garben seiner Redekunst [1]). Wie eine Wolke des Segens stand er da im Scheitel der Welt, und alle Erleuchteten erschlossen gleich der Perlenmuschel ihren Mund (um ihre Tropfen in sich aufzusaugen) [2]). Auch hat er zuerst die schmähsüchtige Zunge der Araber von den Persern abgewehrt und jene dahin gebracht, dass sie selbst die Beredtsamkeit dieser zugestehen mussten. Mit seltener Einstimmigkeit haben daher auch die meisten angesehenen Dichter seiner und der späteren Zeit ihm neidlos die Superiorität über sich eingeräumt [3]).

1) u. 2) Wâlih u. Ousel. Add. 127.
3) So singt Abulḥasan Shahîd, Rûdagî's Zeitgenosse:

بسخن مانند شعر شعرا   رودگی را سخنش تلوینماست
شاعرانرا خد و احسنت مدیح   رودگی را خـــه و
احسنت هیچاماست

»Sonst geht nicht über Worte hinaus das Lied der Dichter,
Doch Rûdagî mit Worten malt Farben mancherlei.
Man sagt wohl sonst zu Dichtern als Lob ein: »Bravo,
trefflich!«
Zu ihm das sagen wollen, das wäre Spötterei!«

('Aufi, H. Iql. und Safîn.). Ebenso Daqîqî:

کرا رودگی گفته باشد مدیح   امام فنون سخنور بود
دقیقی مدیح آورد نزد او (تو od.)   چو خرما کسی
سوی بصره برد

»Wem Rûdagî des Lobes Preis gespendet,
Dem ist er Kunstimâm voll Redekraft;
Doch wenn Daqîqî ihn (od. dich) belobt, so gleicht er
Dem Manne, der nach Baçra Datteln schafft«.

Seine Gedichte sollen 100 Bände gefüllt und 1,300,000 Verse umfasst haben [1]). Auf Befehl

('Aufî, H. Iql., Safîn. Der Text in 'Aufî ist ganz verwahrlost; H. Iql. hat das letzte Hemistich so:

'Unçurî singt: — .(چو خرما بسوی هاجیمور بود

غزل رودگی وار نیکو بود   غزلهای من رودگی وار نیمست
اگرچه بکوشم بیباریک وهم   بدین پرده اندر مرا بار نیمست

»Ein gut Ghazel muss sein wie Rûdagîs,
Doch meinen ist sein Zauber nicht beschert,
Und ring' ich nach Gedankenfeinheit auch,
In das Gemach ist Zutritt mir verwehrt«.
('Aufî, Makhz, H. Iql. u. Safîn).

Als ein Thor einst Rûdagîs Verse schmähte, dichtete Nizâmî 'arûdî folgende Verse auf ihn:

ای آنکه طعن کردی درشعر رودگی   این طعن کردن
تو زجهل وز کبودکیمست
کانکس که شعر داند داند که در جهان   صاحبقران
شاعری ستاد رودگیمست

»O du, der du die Gesänge Rûdagîs mit Spott beschüttest,
Du beweist nur durch dein Spotten, welch ein thöricht
                                            Kind du bist.
Wer mit Poesie vertraut ist, weiss gar wohl, dass hier
                                            auf Erden
Meister Rûdagî der Dichtkunst hochbeglückter Tîmûr ist.«
('Aufî, Makhz, H. Iql. und Safîn.).

1) So singt Rashîdî aus Samarqand (unter Sultân Khiḍr):

گر سری یابد بعالم کس بغیکو شاعری   رودگی را بهر
سران شاعری زیبد سری

des Emîr's Naçr brachte er das berühmte Fabelbuch Kalîlah wa Dimnah in persiche Verse und empfing dafür von seinem Fürsten, nach der gewöhnlichen Angabe, 40,000 Dirhems [1]). Dass er daneben noch manche andere epische Gedichte, die freilich ebenso wie dieses Thierepos verloren gegangen sind, verfasst hat, beweisen die mannichfachen Mathnawî-Verse, die sich in den Originallexicis zerstreut finden und durch ihre verschiedenartigen Metra deutlich ihren Ursprung aus ganz verschiedenartigen Erzeugnissen dieser Dichtungsgattung bekunden. —

شعر اورا من شمردم سیزده ره صد هزار ۞ فزون آید
اگر چونئکه باید بشمری

»Macht sich Einer hier zum Fürsten je durch gute Poesie,
So gebührt vor all den Dichtern dieser Rang dem Rûdagî.
Sieh, ich zählte seine Verse — 1300,000 waren's,
Und es werden mehr noch, zählst du in der rechten Weise sie.«

(Aufî, Butkh., Mirât-ulkhay., H. Iql., Wâlih, Lubb-i-Lub., Safîu., Khulâç. und Ouseley Add. 127. Einige lesen das letzte Hemistich so: ۞ فزونتر آید ارچونئکه باید الخ).

Andere geben die Zahl auf 1328,000 — noch andere nur auf 1000,300 an.

1) Das wird belegt durch einen Vers 'Unçurî's in Daul. und Anderen: چهل هزار درم الخ, u. ebenso durch die Elegie Rûdagî's selbst (siehe weiter unten), wo er sagt, er habe 40,000 D. vom Fürsten und 60,000 von dessen Freunden erhalten. Zu Kalîla vergl. Firdûsî im Schâhn (ed. Mohl) VI, 455.

Rûdagî's Lieder.

Ich stelle hier zunächst die Gedichte zusammen, die dem Lobe des Emîr Naçr gewidmet sind, d. h. die eigentlichen Qaçîden (resp. Qit'as) und ein paar kürzere, mehr ghazelenartige Lieder von gleicher Tendenz, die vielleicht auch nur Bruchstücke grösserer Lobgedichte sind. Bemerkenswerth ist bei den ersten derselben die ganz gleiche Schlusswendung, die manchmal sogar im Wortlaut übereinstimmt, so dass man sie für Theile eines förmlichen Liedercyclus halten könnte. —

1) Atashk. Ell. 387 f. 182 — 17 f. 190[b]. Intikhâb Ousel. 198 f. 86[b]:

1 منم غلام خداوند زلف غالیه گون   تنم شده چو
سر 1) زلف او نوان ونگون

همی ندانم در هجر چند پیچم چند   همی ندانم
کز دوست چون شکیبم چون

زبس کزین دل پر خون من بر آید جوش   زبس که
دیدهٔ بیخواب من بریزد خون

فروز لاله چو عذرا بجلوهٔ وامق   خروش ابر چو لیلی
بجلوهٔ مجنون

5 زخاک شوره برآورد بوی باد شمال   زسنگ خاره عیسان
کرد اشک ابر عیون

1) تون in Jntikh. In Atashk. finden sich nur V. 1, 2 und 6.

زباد خنك پغنبر بغنبر سارا   زابر شاخ مكمّل بلولو مكنون

زسنگ خارا پیدا همیشود مینا   زروزی¹) مینا مرجان همیشود بیرون

سرشك ابر پراكنده كرد در بستان   نسیم باد پدیدار كرد در هامون

همی بلرزد شاخ سهی زباد بهار   چو چشم خصم زتیغ امیر روز افزون

10 مكان نصرت و اقبال میر ابو نصران   كه هست طالع او جفت طالع میمون

زبان كهتر و مهتر بمدح او گردان   روان عاقل و جاهل بمهر او مرهون

یكی عطاش همه گنجهای اسكندر   یكی سخاش عمده علمهای افلاطون

زدست او شده لولو بابر منثواری   زتیغ او شده آهـــن بسنگ در مدفون

اگر بباد بر از دست تو حدیث كنند   اگر زتیغ تـــو

---

1) روزی in der Handschr. روز scheint hier im Sinne von »Helle, Glanz« gebraucht. —

56

افتد خیال در جیحون

15 بسان گردون آنجا روان شود کشتی   بسان کشتی آنجا روان شود گردون

دهان بمدح تو گردد ز گوهر آکنده   زبان ز ذکر تو گردد بغالیه معجون

خجسته بادت نوروز روزهٔ نیسان   هزار روزه و نوروز بگذران ایدون

یکی بضاعت توبه بعهد پیغمبر   یکی برامش و رادی برسم افریدون

همیشه تا که بنیسان بروید نسرین   همیشه تا مه کانون خوش آیدت کانون

»Eines Herrschers Dienst erkor ich, dessen Lo-1
cken duftdurchzogen,
Und mein Leib, gekrümmt wie diese, schwankt
wie diese her und hin.
Ach, wie lang ich mich noch winde in der Tren-
nung Weh — nicht weiss ich's,
Weiss es nicht, wie ich's ertrage, dass so fern
vom Freund ich bin.
Schon genug ist's, dass mir siedend wallt das
Herz, das bluterfüllte,
Dass mir Blut das Auge träufelt, dem der Schlum-
mer längst entrückt.
Glüht doch, wie ob Wâmiq's Reizen Adhra einst,
aufs Neu die Tulpe,

Jauchzt doch das Gewölk wie Leila, von Majnû-
    nens Huld entzückt!
Wohlgeruch entlockt der Nordwind selbst der 5
    Steppe salz'gem Boden,
Quellen weckt der Wolken Thräne selbst aus
    hartem Felsgestein;
Mit des Ambra reinem Dufte tränkt der Erde
    Staub der Lufthauch,
Und um Zweige lässt die Wolke Perlen sich
    zum Kranze reihn.
Aus dem Boden, undurchdringlich, drängt em-
    por das lichte Grün sich,
Und aus grünem Blätterschmelze ringt Korallen-
    gluth sich los;
Feuchte Zähren hat im Garten weit umherge-
    streut die Wolke,
Und des Windes Wehn durchathmet sanft und
    lind des Blachfelds Schooss.
Und der schlanke Zweig erzittert vor dem Lenz-
    hauch, wie des Feindes
Auge vor dem Schwert des Herrschers, dessen
    Macht sich wachsend mehrt,
Ja, bei ihm, dem Siegesfürsten, schlug den Wohn- 10
    sitz Sieg und Heil auf,
Als des Glückssterns Zwillingsbruder hat sich
    sein Gestirn bewährt.
Seines Ruhmes Preis verkündet Hoch und Nie-
    drig aller Orten,
Alle Weisen stehn und Thoren tief in seiner
    Liebesschuld;
Ein Geschenk von ihm wiegt reichlich auf Is-
    kanders ganze Schätze,
Und nicht mehr gilt Platos Weisheit, als ein
    Zeichen seiner Huld.
O mein Fürst, die Wolken füllte deine Hand
    mit Perlenspende,

In des Steines Leib schuf Eisen ganz allein
    dein Schwert hinein,
Und sobald von deiner Hand nur Kunde kommt
    dem Flug der Winde,
Und sich in des Oxus Fluthen spiegelt deines
    Schwertes Schein,
O, dann stürmt mit Aetherschnelle hier das Fahr-
    zeug durch die Wogen,
Und dem Fahrzeug gleich an Schnelle dreht
    sich dort des Aethers Rund;
Wird doch, denkt sie rühmend deiner, moschus-
    duftig jede Zunge,
Wird doch, singt er deinen Lobpreis, voll Ju-
    welen jeder Mund!
Drum zum neuen Jahr erquicke stets dich reich-
    ster Frühlingssegen,
Und noch tausendmal hienieden blüh' dir Lenz
    und Lenzeslust;
Sie geniesse fromm ergeben dem Propheten —
    ihn verbringe [1])
Frohgelaunt, und gleich Feridûn sei des Wohl-
    thuns dir bewusst,
Und so lebe fort, so lange Dir im Mai noch
    sprosst die Rose
Und des Heerdes Gluth dir freundlich winkt in
    Wintersstu rmgetose!«

---

1) Wörtlich würde es heissen: noch 1000 روزه und
نوروز verbringe hier, den einen in der reuigen Andacht
des Propheten, den anderen in Lust und Freigebigkeit.
Ich nehme روزه hier im Sinne des türk. كونلك وظيفه
stipendium diurnum; es könnte freilich auch im Sinne
von صوم Fasten hier stehen: »verbringe hier noch 1000
Fasten (im Fastenmonat Ram.) und Neujahre, erstere in,
letztere in —.«

2) Ouseley 198 f. 175:

1 به ابروان چو کمان و بزلفگان چو کمند   لبانت ساده عقیق و رخانت ساده پرند

پرندلاله فروش وعقیق لولوبار   کمانت غالیه تیر و کمند مشکین بند

شگفته نرگس داری بزیر خمّ کمان   دمیده سنبل داری بزیر بند کمند

بخط جادوی آراسته پرند بمشک   بدست نیکو آراسته عقیق بقند

5 هوات بردل من چند گونه دام نهد   صبّات[1]) بر تن من چند گونه بند افکند

میان دامم وچشمم همی نبیند دام   بزیر بندم و چشمم همی نبیند بند

بسان پشت منست آن دو زلف مشک آگین   بسان جان منست آن دو چشم سحر آگند

اگر نه پشت منست آن چرا شد ست دوتاه   اگرنه جان منست آن چرا شدست نژند

1) Dieser Vers ist theilweise unleserlich in der Handschrift. Die obigen Worte sind conjicirt.

چو نور قبلهٔ زردشت نور دو رخ تو   نشسته گردوی اندر ز مشک غالیه اند

10 دلم بزلف ببردی بچشم بسپردی   اگر بجان نگرانم بدل شدم خرسند

بهیچ بند نترسم که طمع من بکشاد   عطای خسرو کشور کشای دشمن بند

بلند رای بلندی فزای ابو نصران   که پست پشه بآرایش آسمان بلند

ملک نهاد و ملک سیرت و ملک دیدار   ملک نژاد و ملک همّت و ملک پیوند

بسا کسان که وی از بند شاه پند آموخت   که روزگار ندانست بند اورا پند

15 چغان نیازد از آواز سایلانش جان   که جان مادر از آواز گم شده فرزند[1])

عدو ز خندهٔ تیغش همیشه مالامال   ولی ز نالهٔ زرمش همیشه خنداخند

هرآنچه دادور آذرا بسالها اندوخت   هرآنچه قارون

---

[1]) Dieser eine Vers wird auch in Atashk. citirt.

آنرا بعمرها بتگنند

یکی بزم نمایش بلامحظهٔ نگسست   یکی بروزیٔ دشمن به بزم بر آگنند

بجود او نرسد وم هیچ هیچ زیرك سار   بفضل او نرسد دست هیچ دانشمند

20 اگر بخواهی کز تو بلا گسسته شود   هوای اورا با جان خویش کن پیوند

بماه مانی با جام (1 می فراز سریر   بشهر مانی با تیغ کین فراز سمند

بسا کسان که خدایش جهان نداد تمام   نداد مل نه خود برخیٔ نه بوی بكنند

ترا بداد خدا این جهان ونیكو داد   بزرك كرد ترا زآنكه قسمت روزی مند

همیشه تا نكنند كس قیاس قند ز زهر   همیشه تا نكنند كس قیاس باز به بند

25 چو بند باد ابر دست دشمناذت (2 باز   چو ز هر بادا

1) Die Handschrift hat ein mir unverständl. اُد (?).

2) So ist jedenfalls statt des in der Handschr. fälschlich stehenden بَند zu lesen. —

در کام دشمنانت قندی ؟

»O du mit Brauen bogengleich und Locken kraus 1
  zum Netz verstrickt,
Mit Lippen, glühend wie Rubin und zarten, sei-
  denweichen Wangen,
Von Tulpen sprosst die Seide dir — es träufelt
  Perlen dein Rubin,
Dein Bogen schiesst manch duft'gen Pfeil, und
  Moschus hält dein Netz umfangen.
In deiner Bogenwölbung Schirm hegst blühende
  Narcissen du,
Und Hyacinthen hauchen auf, von deines Netzes
  Band umschlungen;
Wie Moschusglanz der Zaub'rer Flaum mit Herr-
  schermacht der Seide lieh,
So ward auch ganz von güt'ger Hand mit Zucker
  dein Rubin durchdrungen.
In wieviel Schlingen hat mein Herz die Liebe 5
  schon zu dir gelegt!
In wieviel Fesseln mir den Leib die Leidenschaft
  für dich geschlagen!
Ich bin umgarnt, und seh' es nicht, wie ich im
  Fallstrick mich verwirrt,
Ich bin im Bann, und seh' es nicht, wie ich
  der Kette Last muss tragen.
Das Ringelhaar, das duft'ge dort, ist meines
  Rückens Abbild ganz,
Das zaubervolle Augenpaar, es spiegelt meine
  Seele wieder;
Wenn jenes nicht mein Rücken wär', wie bög'
  es dann sich krumm und kraus,
Wenn dies nicht meine Seele wär', wie senkte
  dann sich's schmachtend nieder?
Wie Zarathustra's Qibla hell, so leuchtet deiner
  Wangen Schein,

Ein duft'ges Beet voll Moschus ist's, das sie zum
    Wohnsitz sich errangen;
In's Auge senktest du mein Herz, das deine 10
    Locken mir geraubt,
Drum stillt mein Herz nun fort und fort der
    Seele sehnendes Verlangen.
Doch Knechtschaft schreckt mich nicht! mein
    Sein erschloss ja ganz voll Huld der Fürst,
Der Länder aufschliesst mit dem Schwert, in
    Knechtschaft zwingt, die frech ihm wehren,
Und hochsinnsvoll so hoch sich schwingt, dass,
    wenn sein Siegerglanz sie trifft,
Sich selbst die winz'ge Mücke bläht und mit
    dem Himmel misst, dem hehren!
Er, dessen Wandel engelrein, dess Antlitz engel-
    gleich erstrahlt,
Ihn zeugten Engel, und empor wie Engelflug
    geht all sein Streben;
Gar Manchem schon hat guten Rath der Scla-
    vendienst des Schâhs geliehn,
Und bess're Lehre ihm ertheilt, als je das Schick-
    sal ihm gegeben!
Ersehnt des Fürsten Seele doch der Hülfefleher 15
    Ruf so sehr,
Wie des entschwund'nen Knäbleins Laut der
    Mutter Herz in bangem Sehnen.
Dem Feinde geht es durch und durch, erglänzt
    im Lächeln hell sein Schwert,
Doch frohes Lächeln zeigt der Freund, hemmt
    schluchzend er den Lauf der Thränen [1]).
Soviel erwarb er, wie der Fürst, der allgerechte [2]),
    Jahr auf Jahr,

---

1) So nach der Lesart رزم; einfacher liesse sich vielleicht رزم lesen, »über sein Schlachtgeschrei freut sich der Freund«.

2) Ich verstehe unter dem دادور den durch seine

Soviel entzog er wie Qârûn sich selbst in langen Lebenstagen;
Und rühmt im Kampf er Jenen stets, so giebt er auch zum Unterhalt
Noch gar dies reich ersparte Gut dem Feind bei fröhlichen Gelagen [1]).
Drum fasst auch seinen Edelmuth wohl nimmer eines Denkers Geist,
Wohl nimmer wird des Weisen Hand hinan an seine Tugend reichen;
Und willst du jedes Missgeschicks auf immerdar 20 entledigt sein,
O nimmer lass die Liebe dann zu ihm aus deiner Seele weichen!
Ja, Fürst, den Becher in der Hand, strahlst auf dem Thron du gleich dem Mond,
Und Löwen gleichst du, sieht man hoch zu Ross der Rache Schwert dich schwingen.
So manchen giebts, dem nicht von Gott die ganze Erde ward zu Theil,
Dem alles fehlt, die Hoffnung selbst, ein Stückchen Zucker zu erringen [2]),
Doch dir gab Gott dies Weltreich ganz, gab Schätze dir und Macht und Ruhm,

Gerechtigkeit sprüchwörtlich gewordenen Nûshirwân. Gewöhnlich bezeichnet dieser Ausdruck Gott selbst. Dieser und der folg. Vers sind übrigens, wie es scheint, nicht ganz correct — was ich gedeutelt habe, lässt sich sprachlich wenigstens rechtfertigen. —

1) In dem Sinne, wie ich den Vers gefasst, würde بروزی الخ bedeuten: »für den, zum Zwecke des Lebensunterhaltes des Feindes.« Misslich bleibt die Deutung der beiden کی, wovon das eine mit dem ثمایش zusammen doch wohl auf eine Person, das zweite auf eine Sache bezogen werden zu müssen scheint.

2) Ich fasse hier بوی im Sinne von spes, siehe Hâfiz ed. Brockh. S. 3, V. 2.

Denn unumschränkt kann er und frei mit allen
>Erdengütern schalten —,
Und drum, so lang noch irgendwer hienieden Gift
>statt Zucker greift
Und nicht vom Falken scheiden kann die Bande,
>die umspannt ihn halten,
Umspann' als Band von Eisen stets der Falke
>deiner Feinde Hand,
Verkehr' in deiner Feinde Schlund zum Gift
>sich stets der Zuckerkand[1]!«

3) Butkh. Elliot. 32, f. 330 Randz. unten. Ataskh. a. a. O. — Sprenger 1378.

1 همهٔ نیسان شبیخون کرد گودی برمهٔ کانون   که گردون

گشت ازو پر گرد و صحرا گشت ازو پر خون

زاشك ابر نیسانی بدیبا شاخ شد معلم   زبوی باد آزاری

بعنبر خاك شد معجون

یکی بر چرخ پیدا کرد پنهان کردهٔ ایزد   یکی بر دشت

پنهان کرد پیدا کردهٔ قارون[2]

بخندد لاله بر صحرا بسان چهرهٔ لیلی   بگرید ابر بسر

گردون بسان دیدهٔ مجنون

5 از[3]) آب جوی هر ساعت همی بوی گلاب آید   درو

1) Vergl. den Schluss des folg. Gedichtes.
2) Dieser Vers fehlt in Atashk. Sprenger 1378 hat auch im ersten Hemistich: پنهان کرد پیدا.

3) Butkh. und Sprenger: از آن از جوی Buthk. und Sprenger im zweiten Hem.: بدو در شست.

شستنست پنداری نگار من رخ گلگون

اگر ۱) یک زلف بفشاند ازو صد دل رها گردد   و گر

یک چشم بگمارد دو صد دل را کند پر خون

الا تا سوزن و سوسن یکی باشد بر کالبو   الا تا شکر و

افیون یکی باشد بر مجنون

هوا خواهانت را در زیر سوزن باد چون سوسن   بــــــد

اندیشانت را در کام شکر باد چون افیون ،

»Fürwahr, es warf bei Nacht den Mond des Win- 1
    ters der Maimond siegreich nieder in den Grund,
Nun füllt mit Staub sich ganz der Kreis der Sphä-
    ren, des Blachfelds Teppich färbt mit Blut sich
                                      bunt.
Die Thräne, die entströmt dem Lenzgewölke, sie
              hat Brocat gewirkt in alle Zweige,
Und rings getränkt hat mit des Ambra Dufte des
        Frühlingswindes Hauch der Erde Rund.
Was einst Qârûn an's Licht geschafft von Schätzen,
    das birgt tief drinnen der im Schooss der
                                        Fluren,
Und was geheimnissvoll verhüllt der Schöpfer,
    das macht im weiten Weltall jene kund[2]).
Es träufelt Zähren hoch vom Himmelsbogen, wie
    einst das Auge des Majnûn, die Wolke —
Und hold und lieblich lächelt im Gefilde, wie
          Leilas Angesicht, der Tulpe Mund.

1) Die 3 letzten Verse fehlen in Atashk.
2) Hier und im folg. Verse habe ich die Hemistiche in der deutschen Uebersetzung umgestellt, lediglich des Reimes wegen.

Des Rosenwassers süssen Duft enthauchet zu
    jeder Stunde fort und fort die Welle,
Als ob sein rosig Antlitz drin gebadet der Schatz,
    mit dem mich eint der Liebe Bund.
Ja! wenn mein Lieb nur eine Locke schüttelt,
    wohl hundert Herzen werden los und ledig,
Und wenn nur einen Blick sein Aug' entsendet,
    zweihundert Herzen schlägt es blutig wund.
So lange drum der Lilie spitze Blätter von Na-
    deln nicht des Thoren Blick kann scheiden,
Und Süss wie Bitter¹) gleiches Wohlgefallen dem
    Narrn erweckt, der nicht im Hirn gesund,
So lange wandle deinen Freunden allen zum
    Lilienblatt sich jedes Nadelkissen,
So lange wandle jeder süsse Tropfen zum bittren
    sich in deiner Feinde Schlund!« —

    4) Butkh. Ell. 32 ff. 299ᵇ—300ᵇ.

1 تا دل من با هوای نیکوان ²) گشت آشنا   در سرشک دیده گردانم چو مرد آشنا

تا مرا ببیند ³) هوا باکس نگیرد دوستی   تا مرا ⁴) یابد بلا با کس نگردد آشنا

من بدی را نیکتر جویم که مردم را بدی   من بلا را پیشتر خواهم که مردم را بلا

    1) eigentl.: »Zucker wie Opium.«
    2) V. 1 und 2 finden sich auch in Ouseley 198. Dort steht شد statt گشت.
    3) Ouseley: عیارن statt هوا.
    4) Ouseley wieder: ببند.

من دلی دارم بسان آسیا گردان زغم وز سرشک من بگردد بر سر کوه آسیا

5 را ست گوئی کیمیا دارد هی باد خزان باغ را چون کرد بر زر گر ندارد کیمیا

باد سرد آید چو آه عاشقان هنگام هجر بانک زاغ آید چو از معشوق پیغام جفا

باد خوارزمی کنار باغ چون دینار کرد چون کنار زایرا ابر دست پادشاه

خسر و صافی نسب بو نصر مملان آنکه هست جسم او صافی ز هر عیبی چو نور مصطفی

تا عدو دارد ندارد هیچ شغلی جز نبرد تا درم دارد ندارد هیچ کاری جز سخا [1])

10 عادت او بی تغییر وعدهٔ او بی خلاف کوشش او بی تکلف کمیشش [2]) او بی ریا

آتش شمشیر او الماس بگذارد ولی ز آب جود او الماس

---

1) Dieser Vers, aber mit Umstellung der beiden Hemistiche, wird auch in Nadr. citirt.

2) کمیشش habe ich eingefügt, da hier in der Handschrift eine Lücke ist. —

اندر دل روید گیا

از مَلک خیزد بدی در طبع او نآید بـدی   درقـرآن افتد خطا در لفظ او نآید خطا

تیر او مانند روزی که زیِ مردمِ رسد   تیر دشمن باز گردد سوی دشمن چون صدا

پادشاها پارسائی و زتو مردم شد دل   خوش زید مردم بعهد پادشاه پارسا

15 گر تو بفروشی مرا چون بندگانت حق تراست   زآنکه ده بارم دیَت دادی و صدباره بهـا ء

»Seit mein Herz vertraut geworden mit der
    Neigung holder Schönen,
Bad ich gleich dem Gottvertrauten stets in
    Thränen meinen Blick;
Seit sie mich geschaut, befreundet sich mit Kei-
    nem sonst die Liebe,
Seit es mich gefasst, vertraut sich Keinem
    sonst das Missgeschick [1]).
Eifriger nach Elend jag' ich, als nach Menschen
    jagt das Elend,
Früher als das Leid die Menschen, such' ich
    selbst das Leid mir auf;
Wie mein Herz sich dreht vor Kummer mühl-
    engleich, so dreht die Mühle

---

1) Dreifaches Wortspiel mit آشنا; das zweite Mal mit entschieden mystischem Anklang.

Selbst sich wohl auf Bergeshöhen, netzt sie mei-
　　　　　　　ner Thränen Lauf.
Wahrlich ja, es führt der Herbstwind mit sich 5
　　　　　　　her den Stein der Weisen,
Könnt' er wohl den Hain vergolden, ständ' ihm
　　　　　　　solche Kunst nicht bei?
Doch der Wind ist kalt wie Seufzer Liebender
　　　　　　　zur Trennungsstunde,
Und wie Trübsalspost vom Liebchen tönt in's
　　　　　　　Ohr mir Rabenschrei.
Ja! es schüttet in des Haines Schooss Khoraz-
　　　　　　　mias Wind Denare,
Wie der Wolke gleich des Fürsten Hand in der
　　　　　　　Besucher Schooss —
Jenes hehren, mimlângleichen¹), edelbürt'gen
　　　　　　　Siegesfürsten,
Der wie Lichtglanz des Propheten strahlt an
　　　　　　　Körper makellos.
Ja, so lange ihm ein Feind noch lebt, ist nur
　　　　　　　auf Kampf bedacht er,
Und so lang ein Dirhem sein noch, schenkt er
　　　　　　　immer, schenkt er gern, —
Wandellos ist all sein Wandel, nimmer bricht 10
　　　　　　　er sein Versprechen,
Mühelos ist all sein Mühen — ewig bleibt ihm
　　　　　　　Heucheln fern.
Ueberstrahlt schon seines Schwertes Glanz De-
　　　　　　　manten, sprossen gar noch
Kräuter im Demanten, netzt ihn seiner Spende
　　　　　　　Vollerguss; —
Ob auch Engel straucheln, nimmer strauchelt
　　　　　　　er; ob selbst der Qurân
Irren mag, von keinem Irrthum trübt sich sei-
　　　　　　　ner Rede Fluss.

---

1) Mimlân ist der Name eines oft als Muster und Vorbild citirten alten Königs von Adharbîjân.

So unfehlbar wie die Menschen trifft ihr Schicksal, trifft sein Pfeil auch;
Aber echogleich zum Feinde prallt des Feindes Pfeil zurück!
Ja! voll frommen Sinnes bist du Fürst, und alles freut sich deiner, 15
Unter frommer Fürsten Scepter glücklich leben, welch ein Glück!
Ja, und wenn du gar als Sklaven mich verkaufst, — nicht darf ich klagen,
Hast so Kauf- wie Sühngeld zehnfach, hundertfach mir abgetragen!« —

5) Elliot 293 f.

1 خیال رزم تو گر در دل عدو گذرد   ز بیم تیغ تو بندش جدا شود از بند

ز عدل تست به‌هم باز و صعوه را پرواز   ز حکم تست شب و روز را به‌هم پیوند

بخوشدلی گذران بعد ازین که باد اجل   درخت عمر بد اندیش را زیبا افکند

همیشه تا که بود از زمانه نام و نشان   مدام تا که بود گردش سپهر بلند

5 ببزم عیش و طرب یاد نیکخواه تو شاد   حسود جاه تو بادا ز غصّه زار و نژند ،

»Wenn Kampf mit dir der Feind nur plant, so 1
packt ihm Furcht vor deinem Schwert

Die Glieder all, dass sie vereint nicht mehr mit-
    sammen hausen wollen;
Doch eint zum Flug sich Falk und Spatz, seit
    als gerecht sie dich erkannt,
In Freundschaft eint sich Tag und Nacht, seit-
    dem dein Richterspruch erschollen!
So lebe frohbeglückt dahin, hat doch der Sturm-
    wind des Geschicks
Zu Boden ganz herabgestürzt den Lebensbaum
    der Ränkevollen;
Und stets, so lang' ein Name noch und eine
    Spur von dieser Welt,
So lang der Himmel müde nicht, im Kreislauf
    fort und fort zu rollen, —
Erfreue Jeden, der dir hold, so Zechgelag wie 5
    Sangeslust,
Verzehre Alle Sorg' und Pein, die neidisch dei-
    ner Würde grollen!«

An diese grösseren Lobgedichte schliesse ich zunächst die schon erwähnte Elegie, und lasse dieser dann die eigentlichen Ghazelen folgen, die freilich vielfach auch das Lob des Naçr zum Gegenstande haben.

    6) H. Iql, Elliot 158 f. 529^b—33. 159 f. 166^b—169. Ouseley 377 f. 515—518^b.

1 مرا بسود وفرو ریخت هرچه دندان بود   نبود دندان

لابل[1]) چراغ تابان بود

سپید و سیم‌زده بود و در و مرجان بود   ستاره سحری

بود و قطر باران بود

    1) Arabischer Ausdruck: »nein — sondern.«

یکی نمائد کنون۱) زآن همه بسود و بربانحت چه
نحس بود همانا که نحس کیوان بود

نه نحس کیوان بود و نه روزگار دراز چه۲) بود راست
بگویم قضای یزدان بود

5 جهان همیشه چنین است گرد گردانست همیشه تا
بود آئینش گرد گردان بود

همان که درمان باشد بجای درد شود وباز درد همان
کز نخست درمان بود

کهن کند بزمانی همان کجا نو بود و نو کند بزمانی
همان که خلقان بود

بسا شکسته بیابان که باغ خرم گشت وباغ خرم
گشت آن کجا بیابان بود

همی چه دانی ای ماه روی غالیه موی که حال خادم
تو پیش ازین بچه سان بود

10 بزلف۳) چوگان نازش هی کنی تو مدد ندیدی اورا
آنگه که زلف۴) چوگان بود

1) Ouseley 377: آن statt زان.
2) Ell. 158 u. 156: بگویم بودنست چه. —
3) u. 4) Ouseley 377 schiebt ein و zwischen beiden ein.

57*

شد آن زمانه که او شاد بود و خرّم بود   نشاط او بفزون بود و سیم نقصان بود

همی خرید و همی سخت بیشمار درم   بشهر هرچه یکی ترک نار پستان بود

بسا کنیزک نیکو که میل داشت بدو   بشب زیارت او نزد او به پنهان بود

نبید روشن و دیدار خوب و روی لطیف   اگر گران بدر من همیشه ارزان بود

همیشه شاد ندانستمی که غم چه بود   دل نشاط طرب را فراخ میدان بود

بسا دلا که بسان حریر کرد بشعر   از آن سپس که بکردار سنگ و سندان بود

همیشه چشمم زین زلفگان چابک بود   همیشه گوشم زبین مردم سخندان بود

عیال نی زن و فرزند نی مؤنث نی   از این همه تنم آسوده بود و آسان بود

تو رودکی را ای مغ کنون همی بینی   بدان زمانه

ندیدی که زین¹) خسیسان بود

20 بدان زمانه ندیدی که در جهان رفتی   سرود گویان گفتی هزار دستان بود

شد آن زمانه که شعرش همه جهان²) بنشست   شد آن زمانه که او شاعر خراسان بود

کرا بزرگی و نعمت ازین و آن بودی   مرا بزرگی و نعمت زآل سامان بود

بداد میر خراسان³) چهل هزار درم   وزو فزونی یـک پنج میر پاکان بود

و زاولیاش پراگنده نیز شصت هزار   بمن رسید بدان وقت حال خوبان بود

25 کنون زمانه دگر گشت و من دگر گشتم   عصا بیار که وقت عصا و انبان بود،

»Abgebröckelt ist mir mählig Zahn um Zahn und 1
                               hingeschwunden,
O kein Zahn nur war's, als Leuchte strahlte je-
                             der hell und licht!

1) Ouseley 377: چفین سان.
2) Ell. 158: بنوشت.
3) Ouseley 377: چهار.

Ja, den Perlen, den Korallen glich er, weiss und
silberglänzend¹),
Glich dem Morgenstern, dem Tropfen, der aus
feuchter Wolke bricht.
Keiner blieb mir! abgebröckelt, hingeschwunden
sind sie alle,
Und des Unglücks Schuld, wer trägt sie? —
nun, Saturn, der Unglücksstern —
Nein, fürwahr, Saturn sowenig als der Zeitlauf!
und wer sonst denn?
Gottes ew'ger Rathschluss war es, glaubt, das
ist der Wahrheit Kern.
Immerdar ist's so hienieden — nur ein Staub- 5
ball, ewig kreisend,
Ist das All, und kreisen musst' es ballgleich seit
der Schöpfungszeit;
Nur weil Schmerzen uns beschieden, giebts Arz-
nei — und weil's auf Erden
Seit Beginn Arznei gegeben, giebt es Schmerzen
auch und Leid!
Muss auch endlich einmal altern, was da prangt
in Jugendfrische,
Neu verjüngt sich einst doch alles, fiel's dem
Alter gleich zum Raub.
Ist zur wüsten Trümmerstätte mancher Blüthen-
hain geworden,
Neue Blüthenhaine sprossen aus der Wüste dür-
rem Staub.
Wie kannst du, o mondgesichtig, lockenduftig
Liebchen, wissen,
Wer und wie dein armer Sclave einst vor lan-
gen Jahren war?
Nährst du jetzt mit Lockenschlägeln seines 1
Schmachtens Lust, du sahst ihn
Damals nicht, da sich gekräuselt schlägelgleich
sein eignes Haar.

1) Nach Qazwînî giebt es auch weisse Korallen.

Ach! dahin sind jene Zeiten, da er stets im
Freudenrausch war,
Und je ärmer er an Silber, um so mehr an
Frohsinn reich —
Da mit Dirhems ohne Zahl er in der Stadt hier
aufgewogen
Jede Schöne, der des Busens Knospe schwoll
granatengleich.
Huldvoll neigte sich in Liebe ihm so manches
holde Mägdlein,
Und so mancher gab verstohlen er ein nächtig
Stelldichein;
Ja, ob noch so hoch im Werth auch, stets um
niedren Preis erstand ich's:
Hellen Trunk und süsse Wangen und ein Antlitz, zart und fein.
Allzeit war ich heit'ren Muthes, wusste nie, was 15
Gram bedeutet,
Da mein Herz zum Tummelplatze stets der Frohsinn sich erkor;
Und manch' andres Herz, durch Lieder schuf
ich's um zu weicher Seide,
War es gleich wie Stein und Ambos undurchdringlich hart zuvor.
Allzeit labte ich mein Auge gern an leichten
Flatterlocken,
Redekraftbegabten Männern lieh mein Ohr ich
allzeit gern; —
Nimmer nannt' ich einen Haushalt, nimmer Weib
noch Kind meineigen,
Frei von Allem blieb ich immer — immer blieb
mir Sorge fern.
Freilich du, mein greiser Meister, du siehst jetzt
den Rûdagî nur,
Sahst ihn nicht in jenen Tagen, da er lebte wild
und toll,
Sahst ihn nicht in jenen Tagen, da er hin- und 20
hergepilgert,

Und in tausend Melodien frisch ihm Sang auf
Sang entquoll.
Ach! dahin sind jene Zeiten, da sein Lied die
Welt durchzogen,
Hin die Zeit, da seinen Sänger ihn ganz Khu-
râsân genannt;
Wem hat je schon solch ein Treiben Ruhm und
Schätze eingetragen?
Ich empfing so Ruhm wie Schätze aus der Sâ-
mâniden Hand!
Khurâsâns Gebieter schenkte mir der Dirhems
vierzigtausend
Und der Frommenseelenfürsten Vierzahl[1]) zählte
einen mehr, —
Sechzigtausend Dirhems sandten seine Freunde
nah und fern mir,
Wahrlich ja, in jenen Tagen ging's auf Erden
trefflich her.
Ach, ein andrer bin ich heute, and're Zeiten 25
sind gekommen,
Her den Stab drum — Stab und Ranzen will
mir heut allein noch frommen!«

7) Ouseley Add. 127 f. 17ᵇ und 22 (diese Sammlung hat nämlich dieselbe Reihe von Gedichten zweimal, einmal den blossen Text, das andere Mal Text und Commentar): Wâlih, Ell. 402 f. 124ᵇ — Spreng. 332 f. 177.

1 یکبار بود عید بهر سال بیکبار   همواره مرا عید و دیدار
تو هموار²)

1) Wenn der Vers in diesem Sinne verstanden wird, und ich weiss keinen besseren, so lässt sich die Vierzahl der میران پاکان wohl nur auf die 4 ersten Khalifen (die gewöhnl. die 4 Freunde genannt werden) beziehen. —
2) Der erste und der letzte Vers dies. Gedicht. fin-

هربار بسال اندر یکبار بود گل   روی تو مرا همه‌ست همیشه گل پر بار

یکبار[1]) بنفشه چنم از باغ بدسته   زلفین تو پیوسته بنفشست بخروار

یکبار[2]) پدیدار بود نرگس دشتی   و آن نرگس چشم تو همه سال پدیدار

5 نرگس نبود باز که بیدار نباشد   بازست سیه نرگس تو خفته و بیدار

سرو است که در باغ همه سال بود سبز   با قد تو آن نیز بود کج و نگونسار

یکچند بود لاله و گلنار همیشه   تو لاله بکف داری و گلنار برخسار

پیرایهٔ گلهای تو از عنبر ساراست   و آن لاله ترا[3])

det sich auch in Sprenger 1378 und Butkh. Ell. 32 f. 299b Randzeile. Statt یکبار liest. Spr. یکروز u. statt بهر سال beide: بیکبار بسال اندر.

1) Ell. 402 یکروز.

2) Wâlih: یکهفته und im zweiten Hem. ساله statt سال.

3) Wâlih: وآن لالهٔ تر.

پیرهن نوانو شهوار
از معدن زنگار پدید آمده ۱) لاله به‌ر لا له ت‍‌را باز پدید آمده زنگار

10 چون مرکز پرگار خطی داری مشکین کوچک دهنی داری چون نقطهٔ پرگار

حوری بسپاه اندر و ماهی به صفوف اندر سروی که آسایش و کبکی که رفتار

گر حور زره پوش بود ماه کمان کش گر سرو غزل گوی بود کبک قدح خوار ۲)

دل سوختگان ۳) را نتوان بست بزنجیر الّا به‌دارا و بشیرینئ گفتار ۴

»Einmal kommt des Beirams Festzeit, einmal
     nur in jedem Jahr,
Doch von deiner Wange strahlt mir ew'ger Fest-
     glanz ächt und wahr.
Einmal nur im Jahreslaufe, einmal nur erblüht
     die Rose,
Doch auf deinem Antlitz glänzt sie reich an
     Frucht mir immerdar.

1) Wâlih: آید.
2) V. 11 u. 12 finden sich auch in Atashkad.; V. 4, 7, 9 u. 11—12 in Khulâç-alafk. Ell. 181 f. 102ᵇ.
3) شیفتگان in Sprenger 1378 und Butkh.

Einmal pflück' ich mir im Haine einen winz'gen Veilchenstrauss nur,
Doch der Veilchen reichste Fülle beut mir stets dein Lockenhaar.
Einmal nur im höchsten Flore prangt im Blachfeld die Narcisse,
Doch in deinem Auge leuchtet ihre Pracht unwandelbar.
Jene schliesst sich, sinkt in Schlaf sie, doch die deine, dunkelglänzend, 5
Ob im Wachen, ob im Schlummer, offen blickt sie stets und klar.
Wohl im Haine grünt alljährlich die Cypresse schlankgestaltig,
Doch mit deinem Wuchs verglichen scheint sie krumm mir ganz und gar.
Rasch verwelkt Granat' und Tulpe — doch in ew'ger Frische reicht mir
Tulpen deine Hand, Granaten dein erglühend Wangenpaar.
Deine Rosen schmückt der reine Ambra stets — und deine Tulpe [1])
Birgt in ihrer Hülle Perlen, eines Königs werth fürwahr!
Muss da draussen erst die Tulpe schwarzer Knospenhüll' entspriessen [2]),
Sprossen hier aus deiner Tulpe schwarze Knospen wunderbar.
Wie gerundet mit dem Cirkel zeigt dein moschusfarb'ner Flaum sich, 10

---

[1]) Hier ist die Tulpe Bild des ros. Mundes, dessen Perlen die Zähne bilden.
[2]) wörtl.: »aus der Fundgrube des Rostes kommt die Tulpe hervor, aber auf deiner Tulpe kommt Rost zum Vorschein.« In ersterem Falle ist der Rost die dunkle Knospenhülle, in letzterem das dunkle Wangenmaal. —

Und als Punkt im Cirkelkreise stellt dein enger
Mund sich dar.
Mond- und Hûrîgleich im Heere strahlend bist
Cypresse ganz du,
Hältst du Rast — und bist im Laufe schnell,
wie je die Wachtel war.
Doch, ob du als Hûrî Panzer trägst — als Mond
den Bogen spannst auch,
Als Cypresse singst, als Wachtel dich gesellst
der Zecher Schaar,
Nimmer könntest du mit Ketten herzentflammte
Liebchen binden,
Wärst du je der Schmeichelworte, je der süssen
Rede baar!«

 8) Makhz-algh. Ell. 395 f. 128. Ouseley Add. 127 f. 14^b u. 21. Wâlih. Lubb-i-Lub. (nur V. 2 und 3).

1 زهی فزوده جمال تو زیب وآرارا ٭ شکسته سنبل زلف تو مشکسارارا

قسم بر آن دل آهن خورم که از سختی ٭ هزار طرح نهادست سنگ خارارا

که از تو هیچ مروت طمع نمیدارم ٭ که کس ندیده ز سنگین دلان مدارارا

تو رودگی بغلامی قبول^1) اگر نکنی ٭ به بندگی نه پسندد هزار دارارا٬

 1) Wâlih in Sprenger 332: اگر قبول کنی.

»O du, dess Schönheit fort und fort der Erde 1
    Schmuck und Zier vermehrt,
Dess Hyacinthgelock an Glanz dem Moschus
    selbst den Vorrang wehrt,
Bei deinem Herzen schwör' ich's laut, das, un-
    durchdringlich gleich dem Erz,
Noch tausendfache Härte mehr dem härtesten
    Gestein gelehrt:
Auch nicht die allerkleinste Huld will ich be-
    gehren je von dir,
Wess Herz von Stein, wohl Keinem noch hat
    der ein freundlich Wort gewährt,
Und sollt' es dir zuwider sein, dass Rûdagî dir
    sclavisch dient,
Nun — ihm wär' selbst der Sklavendienst von
    tausend Königen nichts werth!

 9) Butkh. Ell. 32 f. 300 Randz. Sprenger 1378.

1 صبر من کوتاه گشت از عشق آن زلف دراز   کو گهی
با گل بپرستمت¹) و گهی با پل براز

تا بدیدم زلف او کژدم بدیدم²) گل بسیو   تا بدیدم
چشم او نرگس ندیدم مهره باز

آن همی آزاردم دل کش خریدارم بجان   و آن همی
رنجاندم جان کش بپروردم بناز

 1) Sprenger: بپسپرستمت.

 2) گل ندیدم, dann in dem Sinne »seit ich u. s. w., habe ich keine Rose mehr beschaut (arab. سپر).

گر همی خواهی که دولت سوی تو تازان¹) شود گرد
درگاهش بگرد و سوی ایوانش بتاز
5 او مرا شیرین چو جانست و گرامی چون جهان از
جهان و جان ندارد کس به یاری دست باز
مردم بی برگ را یک خدمتش صدساله²) برگ مردم
بی ساز را یک مدحتش³) صدساله ساز،

»Gekürzt ward die Geduld mir durch die Liebe 1
   zu seines Haares langen Lockenwogen,
Die gleich auf's Neu des Fusses Sohl' umflü-
   stern, wenn kaum sie Zwiesprach mit dem
          Staub gepflogen.
Seit ich als Scorpion sein Haar gesehen, hab'
   selbst im Lauch ich Rosen wahrgenommen,
Und seit sein Aug' ich als Narcisse schaute, hat
   mich zum Schau'n kein Gaukler mehr bewogen.
Um den ich meiner Seele Kaufpreis gebe, derselbe ach hat mir das Herz verwundet,
Und den mit Kosen ich gepflegt, derselbe hat
   mich um meiner Seele Ruh' betrogen.
Und doch — will je in dir der Wunsch sich
   regen, dass sich das Glück dir nahe raschen
          Fluges,
O dann umkreise einzig seine Schwelle, zu seinem Schloss komm raschen Laufs geflogen!

1) یازان in Sprenger.
2) Sprenger: یکساله.
3) Butkh. hat wieder خدمتش; ich habe in der Uebers. die beiden Hemist. umgestellt.

Er ist ja doch gleich süss mir wie das Leben,
steht mit der ganzen Welt mir gleich im Werthe,
Denn wahrlich, sehnen wird nach Welt und
Leben sich keiner, dem ein holder Freund
gewogen.
Lobpreist ihn einmal nur der Mittellose, er hat
der Mittel dann für hundert Jahr,
Und reich auf hundert Jahre ist der Arme, der
seinem Dienst sich einmal unterzogen.«

10) u. 11) Zwei im Metrum und Reim ganz übereinstimmende kurze Ghazelen, deren Verse ganz verschiedenartig zusammengeordnet werden. Dass es zwei Gedichte sind, geht aus dem doppelten Anfang hervor. Atashk. Khulâç Ouseley Add. 127 f. 16ᵇ und 21ᵇ. Wâlih. Safîn. (nur den zweiten Vers des zweiten Ged. enth.) Lubb-i-Lub. (nur die zwei ersten Verse des zweiten):

1 فغان من همه زان زلف تابدار سیاه که گه پردهٔ لاله ست و گاه هودجِ ماه

بوقت رفتنش از سیم ساده باشد جای بگاه خفتنش از مشک سوده باشد گاه

خبر دهد بسیاهی زروی دشمن میر نشان دهد بدوتنّی ز پشمِ حاسد شاه

خدای گوئی از بهر زایرانش سرشت که شغل ایشان دارد هی گه و بیگاه

5 نیاز نگذرد آنجا که شاه کرد گذر ملال ننگ۬رد ۱) آنجا که شاه کرد نگاه

ز بهر آمدگان دست او همیشه بکار ز بهر نامدگان چشم او همیشه براه ،

»Sein Lockenhaar voll Nachtglanz ist's, dem 1
  meine Seufzer all entsprangen,
Bald hält es Tulpengluth umhüllt, bald sanftes
  Mondenlicht umfangen.
Eilt raschen Laufes er dahin, so schimmert's
  lautrem Silber gleich,
Und sinkt in Schlaf er, haucht es Duft, als sei's
  in Moschus ganz zergangen!
Wenn seiner Locken Krümmung lehrt, wie sich
  des Neiders Rücken krümmt,
So conterfeit in ihrem Schwarz der Schâh des
  Feindes schwarze Wangen.
Fürwahr, es schuf ihn Gott, so scheints, nur
  den Besuchern all zu Lieb,
Die allzeit ihn um Hülfe flehn, die nie um Ort
  noch Stunde bangen.
Denn wo des Fürsten Fuss geweilt, macht Noth 5
  und Mangel nie sich kund,
Und nie wird seines Umgangs satt, wer seines
  Huldblicks Gunst empfangen.
Stets wirkt geschäftig seine Hand für jeden, der
  sich ihm genaht,
Stets sucht nach dem, der fern noch weilt, sein
  Aug' voll sehnendem Verlangen.«

1) Wieder نگذرد in Wâlih.

1 سماع و بادهٔ رنگین و ساقیان چو ماه   اگر فرشته بسه
بیند هی رود از راه
نظر چگونه بدوزم که بهر دیدن دوست   زخاك¹) من
همه نرگس دمد بجای گیاه
کسی که آگهی از ذوق عشق جانان یافت   ز خویش
حیف بود گر دمی بود آگاه

»Ha Reigentanz und farb'ger Wein und mondes- 1
       lichte Schenkenwangen,
Vom Pfade wich' ein Engel selbst, dem solch
       ein Anblick aufgegangen!
Wie schlösse ich mein Auge denn? wird einst
       doch, um den Freund zu schaun,
Auf meinem Staub statt Gras und Kraut manch
       hold Narcissenauge prangen!
Verschmäht doch ganz sein eig'nes Ich, gedenkt
       er je noch seines Ich,
Wer einmal nur ein süsses Lieb im höchsten
       Liebesrausch umfangen²)!«

12) Butkh. Ell. 32, f. 299ᵇ Randz. unten.

1) Khulâç.: زخاکره.
2) Durchaus mystisch von der Selbstentäusserung in der Liebe; daher auch der technische Ausdruck ذوق. Atashk. citirt V. 1—4 u. 6 des ersten Gedichtes, Ouseley Add. u. Wâlih V. 1—3 des zweiten u. V. 5 u. 6 des ersten als ein Ganzes.

1 من آن کشیدم و آن[1]) دیدم از غم هجران   که هیچ آدمیٔ نیست دیده از دوران

کنون وصال مهد برِ دل فرامش کرد   خوشا وصال بتان خاصه درپئ هجران

چو من بشادئ بازآمدم بمشکر گاه   کشاده طبع و کشاده دل و کشاده زبان

بسان بنده هنوز[2]) برِ کشاده کامده بود   زراه سوی من آن سروقدِ موی میان

5 بناز گفت که بی من چگونه بودت دل   بشرم گفت که بی من چگونه بودت جان

جواب دادم و گفتم که ای بهشتی روی   بلای جان من و فتنهٔ بتان جهان

چو حلقه کرده جهانم بزلف چون عنبیر   که چه و گوی جهانم بجعد چون چوگان

چنان بُدم زغم آن دو چشم تیر انداز   چنان بُدم زغم آن دو زلف مشک افشان

---

1) Das zweite آن habe ich des Metrums wegen eingeschaltet.
2) Handschr. fälschl.: هنوز.

كجا بودشب بى ماه وروز بى خورشيد كجا بود گلبى
آب و گشت بى باران

10 بناز گشته بوم عنبرين از آن سنبل ببوس گشته لبم
شكّرين از آن مرجان

گه او عقيق خر و من شده عقيق فروش گه او نبيذ
ده و من شده نبيذ ستان.

»Ich hab' soviel des Grams erfahren, soviel der 1
   Trennung Bitterkeit
Gekostet, wie kein Staubgeborner im schicksals-
   vollen Lauf der Zeit.
Nun hat für immer wohl dem Herzen Valet ge-
   sagt die Liebeswonne,
Und doch — mit süssen Liebchen kosen, wie
   schön, zumal nach Trennungsleid!
Ja, damals, als gelösten Herzens, gelösten Sinns,
   gelöster Zunge
Zum Lagerzelt ich heimwärts wieder gekehrt,
   die Freude im Geleit,
Da trat noch ganz nach Sclavenweise hochauf-
   geschürzt, wie sie gekommen,
Mir auf dem Wege sie entgegen, die haarfein
   schlankgestalt'ge Maid,
Und schmachtend sprach sie: »o wie ward es 5
   dem Herzen dein, von mir so ferne?«
Und schaamroth sprach sie: »o wie ward es der
   Seele dein, von mir so weit?«
Und Antwort gab ich ihr und sagte: »o du, die
   paradieseswangig
Die Seele mein und alle Schönen der Welt in
   Aufruhr setzt und Streit,

Der ambragleichen Locken wegen ward kreisrund
    wie ein Ring die Welt mir,
Ganz ward als Ball dem krausen Haar sie, dem
    schlägelgleichen, dienstbereit.
So hat der Gram um deine Augen, draus Pfeile
    blitzen, mich verwundet,
Der Gram um deine beiden Locken, die Moschus
    streuen weit und breit.
Kann wohl die Nacht des Monds entrathen? der
    Tag der Sonne? kann in Dürre
Die Rose blühn? die Flur gedeihen in regen-
    leerer Trockenheit?«
Doch nun — mit Ambra füllt' im Kosen ihr 10
    Hyacinthgelock die Brust mir,
Und ihr Korallenmund im Kusse lieh meiner
    Lippe Süssigkeit.
Bald musste ich zum Kauf ihr reichen den Car-
    neol[1]), und sie erstand ihn,
Bald bot sie selbst des Weines Spende, und ich
    that ihr im Wein Bescheid.«

    13) Ouseley 198 f. 175.

1 صرصر هجر تو ای سرو بلند ریشهٔ عمر من از بیخ بکند

پس چرا بستهٔ اوییم همه عمر اگر آن زلف دوتا دیمست کمند

به یکی جان نتوان کرد سوال کز لب لعل تو یکبوس بچمد

    1) عقیق Carneol ist Bild für Lippe und Wein zugleich.

به فکندٔ آتش اذدر دل حسن   آنچه هجران بود از سینه فکندٔ ء

»Es warf der Sturm der Trennungsqual von dir,
   Cypresse, hoch und hehr,
Mir meines Lebens Fasern all entwurzelt weit
   vom Stamm umher,
Was soll ich drum an sie allein gebunden sein
   mein Leben lang,
Das doppelzüngig krause Haar gleicht doch der
   Schlange gar zu sehr.
Und kann ich dir noch bittend nahn mit gan-
   zer Seele, ungetheilt?
Es schenkt den gleichen Kuss wie mir dein
   ros'ger Mund ja andren mehr.
Gewiss, es war ein Feuerbrand, den mir in's
   Herz die Schönheit warf,
Was Trennung heisst, er hat's getilgt — drum
   macht kein Gram die Brust mir schwer.

14) Butkh. f. 299ᵇ. Randz. Sprenger 1378.

1 ای جان من از آرزوی تو رنجان   بنما ای یکی روی و به بخشای برین جان

دشوار نمائی رخ و دشوار دهی بوس   آسان بربای دل و آسان ببری جان [1])

نزدیك من آسانیٔ تو باشد دشوار   نزدیك تو دشواریٔ من باشد آسان

1) Dieser Vers wird auch von Wâlih citirt.

»Mir krankt die Seele, weil sie bange sich sehnt 1
                nach deinem Angesicht,
Ach, einmal gönne meiner Seele, nur einmal
                deiner Wange Licht!
Dir schafft es Pein, Dich zu entschleiern, und
                nur voll Unmuth schenkst du Küsse,
Indess zum Herz- und Seelenraube dir nie der
                leichte Muth gebricht.
Gar schwer erscheint in meinen Augen, was dir
                so wenig Mühe kostet,
Und was mir bitt'res Leid bereitet, dich selber
                ach! beschwert es nicht [1].«

15) Wâlih. Ouseley Add. 127 ff. 17 u. 22. Khulâç. (enthält nur den dritten Vers).

1 ای دل آشوب و دل [2]) آرام و دل آزار پسر عهد بسته بوفا با من و نا برده بسر

من بیمارایم هر روز رخان را بسرشک تو بیمارادی هر روز رخان را به گهر

تا فراق تو خبر بود عیان بود تنم چون فراق تو عیان گشت تنم گشت خبر

»O die dem Knabenherzen du viel Freuden schufst 1
                und Leiden,
Du schwurst mir Treu' und konntest doch des
                Treubruchs Schuld nicht meiden.

1) In Sprenger 1378 hat dies Gedicht noch 30 Verse, in deren Besitz ich bis jetzt leider noch nicht gekommen.

2) Ouseley Add. 127 hat auf Z. 17: دل آرای.

So schmück' ich mir die Wangen nun mit Thränen täglich aus,
Indess die deinen Tag für Tag in Perlenschmuck
sich kleiden ¹).
So lang dein Scheiden Sage nur, war Wirklich-
keit mein Leib,
Doch ach! zur Sage ward er selbst, seit Wirk-
lichkeit dein Scheiden!«

16) Haft Iql. a. a. O.

1 ای آنکه غمکشی و عزا داری   اندر نهان سرشك همی باری

هوار کرد خواهی گیتی را   گیتیست کی پذیرد هواری

مستی مکن که ننکرد او مستی   زاری مکن که نشنود او زاری

شو تا قیامت اندر زاری کن   کی رفته را بزاری بازاری

5 ابری پدید نه ²) و کسوفی نه   بگرفت ماه و گشت جهان تاری

»O du, den Kümmernisse viel und Gram und 1
Leid beschweren,
Der heimlich in Verborgenheit vergiesst so man-
che Zähren,

1) گوهر (Perlen) sind aber zugleich ebenfalls ein
sehr geläufiges Bild für »Thränen«.
2) Ell. 158: نی.

Du fülltest, ach, mit Milde gern, mit Sanftmuth
      wohl die Welt —
Doch Welt bleibt Welt — wie würde je sie
      mild auf dein Begehren?
Sie sieht ja doch die Trauer nicht — drum stell
      dein Trauern ein,
Sie hört kein Jammern, besser drum, dem Jam-
      merruf zu wehren!
Den Abgeschied'nen rufst du nie durch deinen
      Gram zurück,
Und magst du bis zum jüngsten Tag dich auch
      in Gram verzehren!
Sieh, keine Sonnenfinsterniss, kein einzig Wölk-
      chen droht,
Da trübt der Mond sich und in Nacht muss sich
      die Welt verkehen!«

17) Das schon von Hammer übersetzte Gedicht, durch welches der Emîr Naçr zur Rückkehr nach Bukhâra angestachelt wurde. Daulatsh. Jâmî (p. ٨٣ u. 95). Haft Iql. Atashk. Khulâç-ulafk. Mirât-ulkhay. Nach Daul. und den ihm Folgenden waren es die Reize von Harât und seiner Umgebung, die den Emîr so fesselten, dass er der Abneigung seiner Grossen zum Trotz dort blieb; nach Jâmî und dem H. Iql. dagegen Marw-i-Shâhjahân. Auf Antrieb der Hofleute improvisirte dann eines Morgens beim Frühtrunk Rûdagî unter Zitherbegleitung jene Verse, deren Text freilich in den einzelnen Documenten, ja selbst in den verschiedenen Copien desselben Werkes sehr variirt. Ich lege die Lesart Jâmîs (a. a. O.) zum Grunde und füge meiner Uebersetzung die Hauptabweichungen in den Anmerkungen hinzu:

»Her weht die Luft¹) des Stroms von Mûliân²), 1
   ich fühl des lieben Freundes Duft³) mir nahn,
Und tritt auf Âmûs rauhes Land⁴) mein Fuss,
   scheint mir sein Sand mit Seide angethan.
Des Oxus Fluth und seine Reize all, schon kann
   sie meines Zelters Bug umfahn⁵).
Bukhâra, juble auf in Lebenslust — es kommt
   dein Schâh als Gast, es ist kein Wahn!
Denn Himmel ist Bukhâra, Mond der Schâh, und 5
   sicher geht der Mond die Himmelsbahn;
Bukhâra ist der Hain, Cypresse er — und die
   Cypresse kommt zum Gartenplan⁶)!«

18—22) Weinlieder, von denen das letzte, ein Qit'ah, den richtigen Uebergang zu den Qit'ahs und Rubâ'is bildet.

'Aufi. Makhz-ulgh. Khulâç-ulafk. Atashkadah und Majma'-unn. (nur die beiden ersten Verse) H. Iql. Wâlih. Safîn. Ouseley Add. 127 f. 14 u. 21. Mirât-i-âftâbn.

1) Atashk. und Khulâç: بوی (Duft) statt باد H. Iql. یاد (Erinnerung).

2) Mûliân, Stadt am Oxusufer.

3) Mirât-ulkh. und einige Copien d. Daul.: یاد statt بوی.

4) Amû ebenfalls am Oxusufer. Atashk. Khulâç. und H. Iql.: ریگ آموین des Blachfelds Sand.

5) H. Iql.: خنگ شه را تا میان آید هی (des Schâhs Zelter).

6) In einigen Cop. des Daul. und ebenso in Atashk. und Mirât-ulkh. besteht das Gedicht nur aus 5 Versen, und zwar so, dass V. 1, 4 und 5 den obigen 1, 5 und 6 entsprechen und 2 und 3 eine Combination aus obigen 2—4 sind. —

1 شاد زی با سیاه چشمان شاد   که جهان نیست جز فسانه و باد

زآمده شادمانه¹) باید بود   وز گذشته نکرد باید²) یاد

من وآن جعد موی غالیه بوی   من وآن ماه روی حور نژاد³)

نیک بخت آنکسی که داد و بخورد⁴)   شور بخت آنکه او نخورد⁵) و نداد

5 باد و ابرست این جهان افسوس   باده پیش آر هرچه بادا باد

»Sei doch froh, bei süssen Liebchen⁶) winkt 1
    dir süsses Wohlergehn,
Nur ein Mährlein ist die Welt ja, flüchtig wie
    des Windes Wehn!
Kommt das Glück, empfang getrost es und ge-
    niesse es mit Freuden,

---

1) Khulâç. und H. Iql. haben deutlich شادمان نه, wodurch der ganze Sinn geradezu umgedreht wird.

2) Khulâç.: هرگز.

3) V. 3 u. 4 fehlen in Khulâç.; V. 3 u. 5 fehlen in H. Iql.

4) و نخورد (und selber nicht isst) in Wâlih. Ell. 402.

5) بخورد و نداد (selber isst, aber Anderen nicht giebt) nach H. Iql. Ell. 158 u. Ouseley 377.

6) eigentl.: bei Schwarzäugigen.

Geht's, so musst du nicht dran denken, musst
 ihm stolz den Rücken drehn!
Sieh, i c h kose mit dem Schätzchen, krausgelockt
 und moschusduftig,
Kose mit der Mondgesicht'gen, hold wie Hûris
 anzusehn.
Heil dir wonniglich Beglücktem, giebst du Andren und dir selber,
Weh Unsel'gem dir, lässt Andre und dich selbst
 du darbend stehn!
Flüchtig, ach, wie Wind und Wolke ist dies
 arme Erdendasein,
Drum zur Hand nimm flugs den Wein dir, und
 dann mag, was will, geschehn!« —

19) 'Aufî. Makhz.-ulgh. Jâmî (ohne den ersten Vers). H. Iql. Ouseley Add. 127 f. 15^b und 21^b. Butkh. Ell. 32 f. 300. Wâlih. Lubb-i-Lub. Sprenger 1378 (letztere 4 ebenfalls ohne den ersten Vers). Safîn. —

1 رودکی چنگی بر گرفت و نواخت   باده انداز کو سرود انداخت

وآن ۱) عقیقی می که هرکه بدید   از عقیق گداخته نشناخت

هردو یک گوهرند لیک بطبع   این ۲) بیفسرد وآن دگر بگداخت

1) آن ohne و in Sprenger 1378. Jâmî und Safîn.
2) آن in Sprenger 1378.

نابسوده دو دست رنگین کرد   تا چشیده بتارک اندر
تاخت ،

»Zur Laute griff und sang dies Lied er, der aus 1
  Rûdags Flur entsprossen:
Den Quell des Weins erschliesst der Mund, der
  des Gesanges Born erschlossen,
Er träufelt jenen ros'gen Trunk, den zweifelnd
  anstaunt, wer ihn schaut,
Ob Wein er wirklich, ob Rubin, der sich in
  flüss'gem Strom ergossen.
Wohl sind von gleichem Stoff die zwei — doch
  durch die Urkraft der Natur
Ist jener dort erstarrt zu Stein, und dieser hier
  in Nass zerflossen.
Es färbt die Hände rosenroth sein Glanz, noch
  eh' sie ihn berührt,
Tief dringt in's Hirn sein Duft hinein, eh' noch
  die Lippen ihn genossen.«

20) Buthk. H. Iql. Atashk. (nur den ersten Vers enthaltend), Sprenger 1378:

1 بیار آن می که پنداری روان یاقوت نابستی [1])   وبا
جون بر کشیده تیغ پیش آفتابستی
بپاکی گونی اندر جام مانند گلا بستی   بخوشی گونی
اندر دیده [2]) بخواب خوابستی

1) بایستی nach Atashk.
2) کاندر nach Sprenger.

سَحابِستی قدح گوئی ومی قطار۱) سَحابِستی طرب گوئی

که اندر دل دعای مستجابِستی

اگر می نیستی یکسر همه دلها خرابِستی وگر درکالبد

جانرا ندیدستی۲) شرابِستی

5 اگر این می بابر اندر پنجهٔ عقابِستی ازآن تا ناکسان

هرگز نخوردندی صوابِستی ،

»Den Wein her, der so leuchtend strahlt, als sei 1
es schier Rubinenregen,
Als spiegle sich in voller Gluth der Sonnenglanz
auf blankem Degen;
Als wären's Tropfen, wie sie rein im Blätter-
schooss die Rosen hegen,
Als wollt' es sich wie Schlummer süss auf schlum-
merlose Augen legen.
Der Wolke gleich ist der Pokal und drin der
Wein dem Wolkensegen,
Ein Bild der Lust, wenn Wünsche sich erfüllt,
die uns das Herz bewegen!
Ja, ohne Wein, wie glichen all die Herzen öden
Wüstenstegen,
Es müsste, wär' er leblos auch³), im Leib durch
Wein sich Leben regen.
Und wär' in Adlers Klau'n der Wein, in Wol- 5
kenräumen weit entlegen,
Wenn nur die Lumpe dann nicht mehr ihn trin-
ken könnten, — meinetwegen!« —

1) قَطْرهٔ in fast allen Handschriften.
2) Sprenger: بدیدستی سرابِستی.
3) Das »er« bezieht sich natürlich auf den »Leib«.

21) H. Iql.

1 بر خیز و بمیخانه خرام ای بُت کشمیر می خور که
بمی گردد اندوه جوان پیر
زان ناقد هر گوهر وزآن کاشف اسرار کز رطل می‌سی
خندد چون برق بشبگیر
گر روی¹) بسنگ آرد سنبل دمد از سنگ²) گر گونه
بقیر آرد شنگرف شود قیر
هر یاد یکی بار خدای³) که تو گوئی با نصرت هم
پشتنست و با دولت هم شیر،

»Mach dich auf und eil' zur Schenke, holdes 1
                Lieb aus Kaschmîrs Gauen,
Trinke Wein, dein junger Kummer wird im
                Wein gar bald ergrauen.
Trink' von ihm, der jeden Urstoff sichtet, der
                Verborg'nes aufhellt
Und so hell entblitzt dem Becher, wie der Blitz
                dem Morgengrauen!
Wendet er zum Stein sein Antlitz, sprosst aus
                dem die Hyacinthe,
Kehrt er zum Asphalt die Wange, ist der rosig
                anzuschauen.

1) Ell. 158 u. 159: سوی.
2) 158 u. 159 fälschlich: مشک.
3) Elliot 158: خدایا.

Wahrlich, ja bei Gott dem Einen, ja! verbündet ist das Heil ihm,
Wahrlich ganz wie einem Bruder schenkt das Glück ihm sein Vertrauen.«

22) H. Iql. Safîn. (nur der zweite Vers).

1 آن می که گر سرشکی از و¹) در چکد به نیل   خوارہ مست گردد از بوی او نهنگ

آهو بدشت گر بخورد قطرۀ از آن   غرّنده شیر گردد و نندیشد از پلنگ،

»Ja, das ist Wein, dess duft'ger Hauch, fällt in 1 den Nil nur eine Zähre,
Des Crocodiles Nüchternheit in endlos trunk'nen Rausch verkehrt,
Durch den der Hirsch dort auf der Flur, hat einen Tropfen er genossen,
Zum brüllend wilden Löwen wird und selbst um Tiger sich nicht scheert.«

23) Ein entschieden mystisches Qit'ah. Atashk.

1 برای پرورش جسم جان چه رنجه کنم   که حیف باشد روح القدس بسکبانی

مرا ز منصب تحقیق انبیاست نصیب   چه²) آب جویم در جوی خشک یونانی

1) Andre Lesart: ازآن.
2) Ell. 17: چو.

بحسن صوت چو بلبل مقیّد نظمم   بجرم حسن چو یوسف اسیر زندانی

بسی نشستم من با اکابر واعیان   بیازم ودم‌شان آشکار و پنهانی

5 نخواستم زتمنا مگر که دستوری   نیافتم ز عطاها مگر پشیمانی ۰

»Was soll ich, mir den Leib zu pflegen, noch 1
  länger meine Seele kränken?
Es schafft den Hundewärter spielen dem Him-
  melsgeist doch bass Verdruss!
Auch mir ward ja ein Theil beschieden vom
  Wahrheitslehramt der Propheten,
Was such' im trocknen Griechenstrome ich fri-
  schen Trunkes Vollgenuss[1])?
Nur meiner Stimme Wohllaut dank ich's, dass
  liedverstrickt ich bin gleich Bulbul,
Der Schönheit nur, dass ich in Banden wie
  weiland Joseph schmachten muss.
Wohl oft im Kreis der Grossen weilt' ich, bei
  Edlen oft, und über alles,
Was kund, was nicht, ergoss belehrend sich mei-
  ner Weisheit Redefluss.
Wohl galt mein Sehnen einem Ziel nur, ein 5
  Vorbild einst zu sein für alle,
Und dennoch blieb von allen Gaben mir nichts
  als Reue zum Beschluss.«

 1) Die griech. Philosophen (فلاسفه) bilden stets in der Mystik den stricten Gegensatz zu den gottbeseligten Çûfis, den عارفان.

24) Atashk. und Safîn.

1 نگارینا شنیدستم که گاه محنت وراحت   سه پیراهن
سلب بوده است یوسف را بعمر اندر
یکی از کید شد پر خون دوم شد چاک از تهمت
سیم یعقوب را از هوش روشن گشت چشم تر
رخم ماند آن اول دلم ماند آن ثانی   نصیب من شود
در وصل آن پیراهن دیگر

»O holdes Liebchen, wie mir kund geworden, 1
 so büsste Joseph, da er lebt' auf Erden,
In frohen theils und theils in schlimmen Tagen
 der Hemden drei von seinem Leibe ein.
Mit Blut gefärbt ward eins aus list'gen Ränken,
 ihn anzuschwärzen ward zerfetzt das zweite,
Und Jakobs thränenfeuchtem Aug' erglänzte beim
 Duft des dritten neu des Lichtes Schein.
Nun, jenem ersten gleicht mein blutend Antlitz,
 und gleich dem zweiten ist zerstückt das
   Herz mir,
Doch winkt mir einst die Nacht der Liebeswonnen, dann nenn' ich frohentzückt das dritte
   mein [1])!«

25) Makhz-ulgh. Khulâç. Safîn.

چمن عقل را خزانی اگر   گلشن عشق را بهار تو دی

[1]) Das erste ist jenes von den Brüdern dem Vater präsentirte blutige; das zweite das ihm von Potiphars Frau zerrissene, das dritte dasjenige, welches Joseph dem Jakob aus Egypten zuschickte und dessen Duft jenem das Augenlicht zurückgab.

عشق را گر پذیرم[1]) لیکن حسن را آفریدگار توئی،

»Wenn du des Verstandes Flur auch gleich 1
    des Herbstes Wehn entblätterst,
Stets doch glänzt durch dich der Liebe Ro-
    senau in Frühlingspracht.
Ja! und bin ich selbst der Liebe Heilverkün-
    der und Prophet auch,
Du doch riefst in's Sein die Schönheit wie
    ein Gott mit Schöpfermacht!«

    26) ʿAufî. Jâmî. Makhz. Atashk. Mirât-al ̔âl. H. Iql. Majmaʿ-unu. Safîn.

1 زمانه پندی آزاده وار داد مرا   زمانه را چو نکو بنگری همه پندست

بروز نیک کسان گفت[2]) غم مخور زنهار   بسا کسا که بروز تو آرزومندست،

»Gar prächt'ge Mahnung predigt mir der Zeiten 1
    Wechsellauf —
Er ist ja, schaust du recht ihn an, ganz voll
    von weisen Lehren.
Sei nimmer, spricht er, drob ergrimmt, wenn's
    Andren wohl ergeht,
Gar manche giebt's, die neidisch schon nach
    deinem Glück begehren!« —

    1) Diese Lesart von Safîn scheint mir weit zutreffender als die der übrigen Handschr.: پیمبری (ja und bist du auch u. s. w.).

    2) Makhz.: زنهار ; Jâmî: بسیار statt زآرزو مبر زنهار ; ʿAufî: تا تو غم مخوری.

27) ʿAufî. Makhz. Khulâç. Wâlih und Ouseley Add. 127 (beide haben nur den **ersten** Vers). Majmaʿ-unnaf.

1 زلف ترا جیم که کرد آنکه¹) او   خال ترا نقطهٔ آن جیم²) کرد

وآن دهن تنگ تو³) گوید کسی   دانگکی نار بدو نیم کرده

»Der jîmgleich dir geringelt deine Locken, — 1
  hat mit dem Maal als Punkt dies Jîm geziert,
Und schaut man gar dein enges Mündchen, 2
  wähnt man — ein Stück Granate sei's, das
                        er halbirt'« —

28) ʿAufî. Wâlih und Ouseley Add. 127 (ff. 15 und 21).

1 روی بمحراب نهادن چه سود   دل به بخارا و بتان طراز

ایزد ما⁴) وسوسهٔ عشقی   ازتو پذیرد نه پذیرد نمازء

»Was frommt dir's, willst du dein Gesicht zur 1
            Nische des Gebetes kehren?
Kehr' doch dein Herz Bukhârâ zu und all den
                    Schönen von Ṭarâz⁵)!

1) Andre: آنکه کرد.
2) Ouseley fälschlich: چشم.
3) Makhz.: گودّی. Andre Handschr.: گوبا. Majmaʿ: تنگ جو گوید.
4) Andre fälschlich: ایزد با.
5) Zu ergänzen ist نهاد باید. Ṭarâz in Turkistân war bekannt durch schöne Liebchen.

Wenn flüsternd du von Liebe sprichst, das will
  dem Hergott wohl behagen,
Doch wenn du nichts als beten kannst, das
  macht fürwahr ihm wenig Spass!« —

29) Atashk.

1 زهی سوار و جوان وتوانگر از ره دور   بخدمت آمد نیکو سگال ونیک اندیش

پسند باشد مر خواجه را پس از ده سال   که باز گردد پیر و پیاده و درویش

»Seht jenen dort, der edlen Sinus und brav hie- 1
  her in Dienst gekommen,
Von fernen Pfaden, hoch zu Ross, in Jugend-
  kraft, mit Gold beschwert!
Nun, lasst zehn Jahre nur vergehn — dann ist
  er wohl zu Dank dem Alten,
Wenn er zu Fuss als armer Greis in seine Hei-
  math wiederkehrt!« —

30) Daul.

1 دردا و حسرتا که مرا دور روزگار   بی آلت و سلاح بزد راه کاروان

چون دولتی نمود مرا محنتی¹) فزود   بی کـردن ای شکفت نبودست گردران²)٬

1) زحمتی nach Anderen.
2) Dieses Gedicht, wenigstens der 2te Vers, wird von Burhânî dem Mas'ûd Sa'd Salmân zugeschrieben, siehe Vullers Lex. II, 965ᵇ.

»O bittres Leid, dass auf den Pfad der Erden- 1
karawane
Der Zeitenlauf mich ausgesetzt so wehr- und
waffenlos!
Ein jeder Glücksfall schuf mir mehr der Klagen
— seltsam wahrlich,
Dass Keiner ohne schwere Müh' erkauft ein
heitres Loos!«

31) ʿAufî und H. Iql.

1 مرا جود او تازه دارد همی   مگر جودش ابرِ مست و1) من کشت زار

مرا2) یکسو افکن که خود همچنین بیندیش و3) دید و خرد بر گمار4)

»Unablässig fort erneuert er mir seines Wohl- 1
thuns Spende,
Nun — ist Wolken gleich sein Wohlthun, gleich'
ich saatbestelltem Land.
Aber — gieb getrost mich auf nur — ist's fürwahr doch ganz dasselbe,
Denk ein bischen nach und lasse Auge walten
und Verstand!« —

32) ʿAufî und Vullers Lex. II, 3ᵃ.

1) و fehlt in ʿAufî.
2) مگر in ʿAufî.
3) و fehlt wieder in ʿAufî.
4) Dieses Qiṭʿah ist gedichtet auf den Vezîr Abuṭ-ṭayyib attâhir مصعبی (od. مصعبی). —

1 حاتم طائی تونی اندر سخا   رستم دستان تونی اندر نبرد

نی که حاتم نیست با جود تو راد   نی که رستم نیست در جنگ تو مرد،

»Ja, Ḥâtim Ṭai bist du im Gabenspenden — bist [1]
Rustam, Dastans Sohn, im Schlachtrevier. —
Doch nein, kein Ḥatim giebt wie du so reichlich — kein Rustam misst als Kämpfer sich
mit dir!«

33) ʿAufî.

1 حجاب اندرون شود خرشید   گر تو داری از آن دو لاله حجیب

وآن زنخدان بسیب ماند راست   اگر از[2)] مشك خ.ك دارد سیب،

»Gleich in den Schleier schlüpft beschämt die [1]
Sonne — wenn deines Tulpenpaares Schleier
fällt,
Und dort dein Kinn, es gleicht fürwahr dem
Apfel — wenn Moschusstaub ihn zart umfan-
gen hält.« —

34) Ḥadâîq-ulbalâgh. p. 58. Garcin de Tassy's Rhétorique et Prosodie p. 32.

1 چاکرانت بگه رزم خیاطان اند   گرچه خیاط نیند ای ملك كشور گیر

1) از habe ich des Metrums wegen eingeschoben.

بگیر نیزه قد خصم تو می پیمایند گه ببرند بشمشیر و بدوزند به تیره

»Alle deine Diener, wahrlich Schneider sind am
  Tag der Schlacht sie,
Nahm auch keiner, mächt'ger König, je am
  Schneiderhandwerk Theil!
Mit der Lanzenelle messen die Statur sie deines
  Feindes,
Und dann schneiden mit dem Schwert sie und
  dann näh'n sie mit dem Pfeil!« —

35) Schilderung des Schreibrohrs (قلم). ʿAufî und H. Iql.

1 لنگ رونده است گوش نه و سخن¹) یاب گـنـگ
  فصیحست چشم نه و جهان بین
تیزیِّ شمشیر دارد و روش مار²) کالبدِ عاشقان و گونهٔ
  غمگین،

»Gelähmt ists und doch läuft's und hört, ob
  ohne Ohr auch, jeglich Wort;
Stumm ist's und doch beredt und schaut die
  Welt, ob auch das Aug' ihm fehlt.
Des Schwertes Schärfe nennt es sein und doch
  der Schlange Gang zugleich,
Ist schlank wie Liebende und hat sich doch des
  Grames Farb' erwählt!« —

1) ʿAufî: یافت.
2) Ell. 158: یار. —

Zum Schluss noch einige Rubā'īs und Einzelverse.

36) Ataschk. und H. Iql.

1 ای از گل سرخ رنگك بربوده و بو   رنـگك از پـی رخ ربوده بو از پی مو

گلرنگك شود چو روی شویی همه جو   مشكين گردد چو مو فشانی همه کو ‹

»Schatz, der du der rothen Rose Farb' und 1
                  Duft mit list'ger Hand,
Für dein Wangenpaar die Farbe, für dein Haar
                  den Duft entwandt,
Rosenroth wird jede Stromfluth, badest du in
                  ihr dein Antlitz,
Lässt du deine Locken flattern, moschusduftig
                  jedes Land.« —

37) Ataschk. Ḥadîq-uççafâ f. 398[b]. Ouseley Add. 127 f. 19 und 22[b]. Wâlih. Lubb-i-Lub.

1 چون کاردل زلف او مانده[1] گره   بوهر رك جان صد[2]) آرزو مانده گره

امید ز گریه بود افسوس افسوس   کانهم شب وصل در گلو مانده گره ء

1) Ḥadîq.: مانك alle 3 Mal; Ouseley Add. 127: im ersten Hemist.: تابد, im zweiten: یابد, im dritten مانك (!!)

2) Ḥadîq-uççaf.: زآرزو.

»Weil ganz und gar das arme Herz ihr Locken- 1
  haar mir festgeschnürt,
Hat jeden Nerv der Seele auch der Lüste Schaar
  mir festgeschnürt.
Vom Weinen hofft' ich Rettung noch — doch
  ach! der Liebeswonnen Nacht
Hält nun auch dies wohl tief im Schlund auf
  immerdar mir festgeschnürt.« —

38) H. Iql.

1 در منزل غم فكنده مفرش¹) ماٌییم   وزآب دو دیده دل پرآتش ماٌییم

عالم چو ستم كند ستمكش ماٌییم   دساخوش روزگار ناخوش ماٌییم.

»Die ihre Lagerstatt im Herbergshaus des Gra- 1
  mes aufgeschlagen, das sind **wir**,
Und die entfacht vom heissen Augennass im
  Herzen Flammen tragen, das sind **wir**.
Die Welt, sie plagt nun einmal gar zu gern,
  und Opfer dieser Plagen, das sind **wir**.
Das Schicksal grollt, doch die voll guten Muths
  ihm froh Willkommen sagen, das sind **wir**!«

39) Wâlih und Ouseley Add. 127 (in letzterem ganz verwahrlost).

1 بچشم دلت دید باید جهان   كه چشم سر تو نه بیند ذهان

1) Ouseley 377: مشرب.

بدین آشکارت ببین آشکار   نهانیت را بر نهانی گمار،

»Die Welt schau mit dem inneren Gesicht,   1
Verborg'nes sieht dein äuss'res Auge nicht.
Schau offnen Aug's, was offen liegt und klar,
Dem unsichtbaren lass, was unsichtbar!« —

    40) H. Iql. Ouseley Add. 127 ff. 19 u. 22^b.
Wâlih.

1 در عشق چو رودگی شدم سیر زجان   وزگریهٔ خونین مژه ام شد مرجان

القصه که از^1) بیم عذاب هجران   در^2) آتش رشکم دگر از دوزخیان

»Wie Rûdagî, so raubte mir auch die Liebe 1
               allen Lebensmuth,
Es färbte rosig wie Korallen die Wimpern mir
               der Thränen Blut.
Und ach! aus Furcht vor Trennungsqualen ver-
               zehrt des Neides Flammengluth
Mich obendrein — denn ich beneide um ihre
               Qual die Höllenbrut^3).«

    1) از دست nach Ouseley Add. 127.

    2) از آتش in Ouseley.

    3) Nach der Lesart von Ouseley müsste übersetzt werden:
»Und nicht genug der Trennungsqualen! sie schüren noch
               des Neides Gluth,
Dich mich verzehrt, denn ich beneide um ihre Qual die
               Höllenbrut!«

41) H. Iql. Ouseley Add. 127 ff. 19ᵇ u. 22ᵇ. Majma'-unnaf. Wâlih. Lubb-i-Lub.

چون¹) کشته به بینیم دو لب کرده فراز   وز جان تهی این قالب فرسوده نیاز 1

بر بالینم نشین و میگوی بناز   کای کشته ترا من و پشیمان شده باز،

»Siehst du einst im Tod erkaltet mit erschloss'- 1
            ner Lippe mich,
Siehst du wunschlos dieses Leibes Hülle, draus
            die Seele wich,
O auf meine Bahre nieder sinke dann und
            schmachtend sprich:
Ja, nun reut mich's tief, denn wahrlich, die den
            Tod dir gab, war ich!« —

42) Ḥadîq.-uççafâ:

دل خسته و بسته مسلسل موییست   خون گشته 1
و کشته بت هند وییست،

سودی ندهد نصیحتت²) ای واعظ   این خانه خراب
طرفه یک پهلوییست،

»Es krankt das Herz mir, ach! es ward von 1
            Lockenketten fest umwunden,

1) H. Iql.: فردا چو به بینیم دهن کشته فراز.

2) So lese ich statt des نصیحتش der Handschrift.

Es füllt mit Blut sich — ach! ihm schlug ein
        indisch Liebchen Todeswunden.
Was nützt mir nun dein guter Rath, du Mah-
        ner? bleibt doch diese Welt
Nur darin wandellos sich treu, dass jammervoll
        sie stets erfunden.« —

43) Zu den wunderbaren Eigenschaften Rûdagîs soll, nach dem Lubb-i-Lub. gehört haben, dass, was immer einer vor ihm (in seiner Gegenwart) im Geiste erfasste (d. h.: woran er gerade dachte), er etwas dem Homogenes sofort auf der Laute spielte. Ein Kluger wollte das nicht glauben und begab sich, um ihn auf die Probe zu stellen, zu ihm. Da spielte Rûdagî das folgende Liedchen auf der Laute, und jener wurde von seiner Meisterschaft überzeugt.

1 گر بر سر نفس خود امیری مردی   بر کور و کر از نکته‌ه نگیری مردی

مردی نبود فتاده را پای زدن   گر دست فتاده بگیری مردی«

»Nur dann, wenn deiner bösen Lust du sieg- 1
        reich wehrst, bist du ein Mann!
Wenn nie du den, der blind und taub, mit Spott
        versehrst, bist du ein Mann!
Mit Füssen treten den, der fiel — fürwahr, das
        ist nicht Mannesart —
Nur dann, wenn als sein Retter du dich flugs
        bewährst, bist du ein Mann [1].«

---

[1] Dies ist das einzige Lied, in dem der Blindheit, freilich auch der Taubheit, gedacht wird.

44) Khulâç. Ouseley Add. 127 ff. 19ᵇ u. 22ᵇ.
Wâlîh. Lubb-i-Lub.

1 دیدار بدل فروخت نفروخت گران   بوسه بـروان
فروخت ¹) وهست ²) ارزان

آری که چو آن ماه بود بازرگان   دیدار بدل فروشد
و بوسه بجان ،

»Sein Antlitz hat er um ein Herz verkauft, das 1
               ist nicht theuer eben,
Um eine Seele seinen Kuss, auch das ist billig
               hingegeben!
Wär' jener Mond ein Handelsmann, dann wahr-
             lich gäbe für ein Herz
Er seiner Wange Anblick wohl, doch seinen
             Kuss nur für ein — Leben!«

45) Safînah.

1 من موی خویش را نه از آن میکنم سیاه   تا باز نو جوان
شوم و نو کنم گناه

چون جامها بوقت مصیبت سیه کنند   من مـوی از
مصیبت پیری کنم سیاه

»O nicht deshalb reib' in's Haar ich schwarze 1
             Farbe mir hinein,
Um, aufs Neue jung, aufs Neue nun der Sünde
             mich zu weihn,

1) Andre: فروشد.
2) Ell. 402 hat ein نیست statt هست.

Nein, wie man wohl seine Kleider schwarz zur
Zeit des Unglücks trägt,
Leih' ich ob des Alters Unglück meinem Haar
auch schwarzen Schein [1].«

46) Auf den Tod des Dichters Abulhasan Murâdî von Bukhârâ (einen mit Rûd. gleichz. arabischen Dichter). ʻAufî. Khazâna-i-ʻâm. (As. Soc. 187 f. 220) Atashk. H. Iql. Ouseley Add. 127 ff. 16 u. 21ᵇ. Wâlih u. Safîn.

مرد مرادی نه همانا که مُرد   مرگ چنان خواجه نه 1
کاریست خُرد

جان کرامی بپدر باز داد   کالبد تیره بمادر سپرد

»Murâdî starb, doch dass er starb, noch kann 1
es Niemand fassen,
Nichts Kleines ist es, muss im Tod ein solcher
Mann erblassen.
O nein, die edle Seele gab dem Vater er zurück,
Und nur die finstre Hülle hat der Mutter er
gelassen.« —

47) Auf den Tod des Sheikh Abulhasan Shahîd (des pers. Dichters und Zeitgen. Rûd.). ʻAufî f. 80. Nadr. f. 33ᵇ. Makhz. f. 183 etc. (überall unter Shahîd aufgeführt):

---

[1] Dies Lied ist jedenfalls eine Erwiederung auf ein anderes kurzes Gedicht Khusrawânîs, das ich in dem demnächst in den Sitzungsb. der K. bayr. Acad. erscheinenden zweiten Artikel über »Firdûsî als Lyr.« mitgetheilt und in dem der Dichter sich über Greise lustig macht, die sich aus Eitelkeit ihr Haar färben. Khusrawânî war also ein Zeitgenosse Rûdagîs.

1 کاروان شهید رفت از پیش   وآن ۱) ما رفته گ‍ـیـرو اندیش

از شمار دو چشم یک ۲) شد کم   وزحساب ۳) خرد هزاران بیش،

»Voraus ging mir Schahîd und mit ihm schwand, 1
Bedenk' es, alles, was ich mein genannt!
Mit ihm verlor ich meiner Augen Hälfte,
Und mehr wohl tausend Mal noch an Verstand!«

48) Vullers Lex. I, p. 198ᵃ.

1 چون بانگ آمد از هوا بَخنو   می خور وبانگ چنگ ورود بشنو،

»Wenn hoch her aus dem Luftrevier des Don-1
ners lauter Ruf erdröhnt,
Dann zeche Wein und horch, wie sanft in's Ohr
Guitarr' und Zither tönt!«

49) Wâlih. Ouseley Add. 127 ff. 16 u. 21ᵇ.

1 بیار هان بده آن آفتاب کش چو خوری زلب فرو شود و از رخان برآید زود

»Herbei und reich den Wein mir her, der son-
nenhell, wenn du ihn schlürfst,

1) Nadr.: آن ohne و ; ʿAufî: وآن زما.
2) ʿAufî und Makhz.: تن statt شد.
3) Nadr.: شمار.

Von Lippen niederrinnt und flugs durch Wan-
　　　　　geu wieder aufwärts steigt!«

50) Ouseley Add. ff. 16 u. 21ᵇ. Wâlih. Lubb-
i-Lub. Safîn.

کار بوسه چو آب خوردن شور   بخوری بیش تشنه تر 1
گردی

»Mit Küssen ist es, wie mit salz'gem Wasser — 1
Je mehr du trinkst, je grösser wird der Durst.«

51) Vullers Lex. I, 656ᵇ.

با دو سه بوسه رهاکن این دل از گرم و خپاك   تا بمنت 1
احسان باشد احسن الله جزاك

»Löse, ach! mit zwei drei Küssen mich aus die- 1
　　　　　ser Angst und Qual,
Will zum Dank dann für dich beten: Gott ver-
　　　　　gelt dir's tausendmal!«

52) Safîn.

هر که نا محنت گذشت از روزگار   هیچ ناموزد ز هیچ 1
آموزگار

»Wer dem Geschick entronnen leidenfrei,　　　1
Dem bringt kein Lehrer je noch Lehren bei!«

Nicht veröffentlicht sind in dieser Sammlung ausser den schon oben erwähnten Berliner
Versen und mehreren unbedeutenden kleinen
Versstückchen ein grösseres Qit'ah auf Naçr und
ein Gedicht auf den قلم. Beide sind so verwahrlost im Text, dass es mir bisjetzt nicht ge-
lungen, sie leserlich und verständlich herzustellen.